LEYENDAS DE LA MODA

CHANEL

RBA

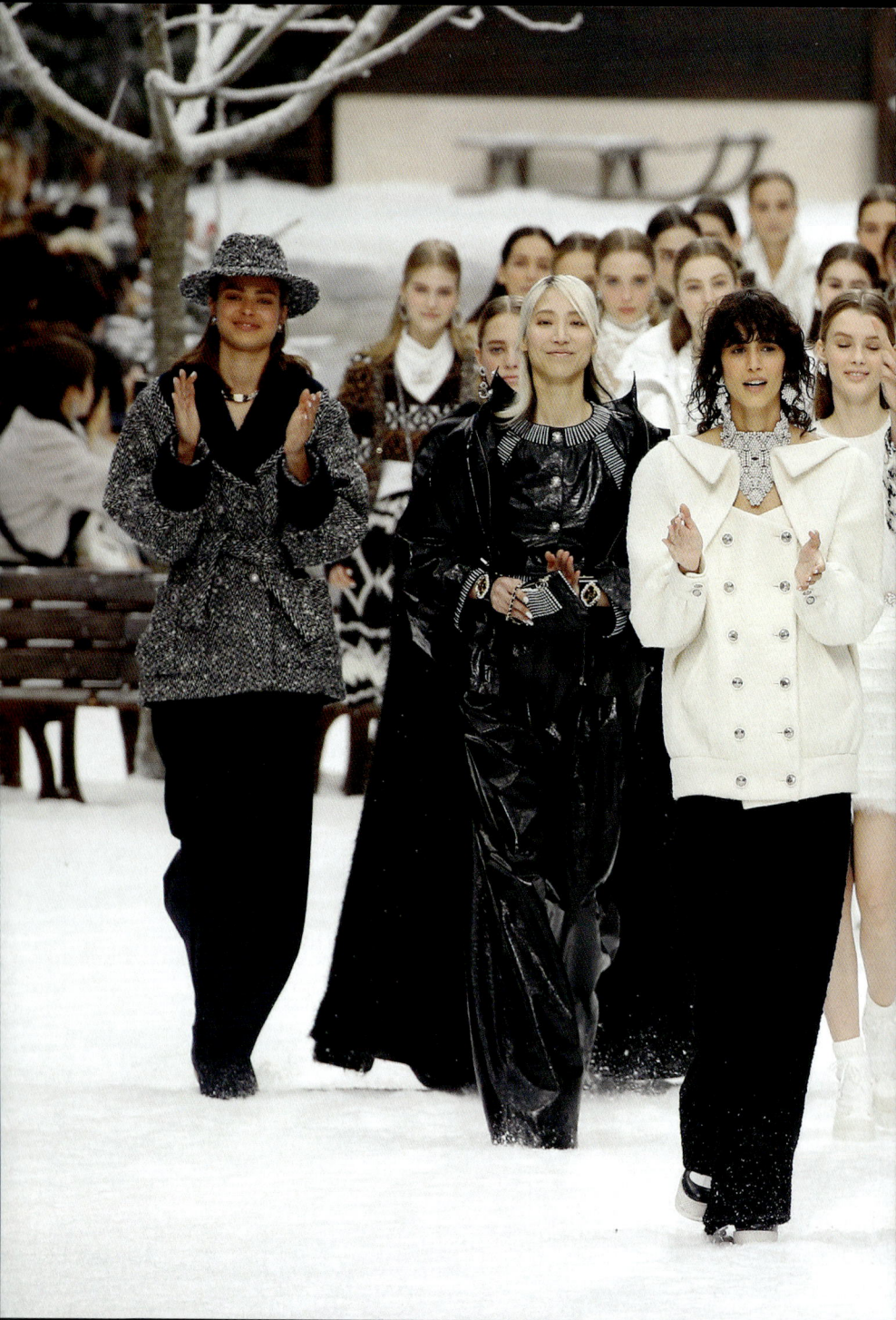

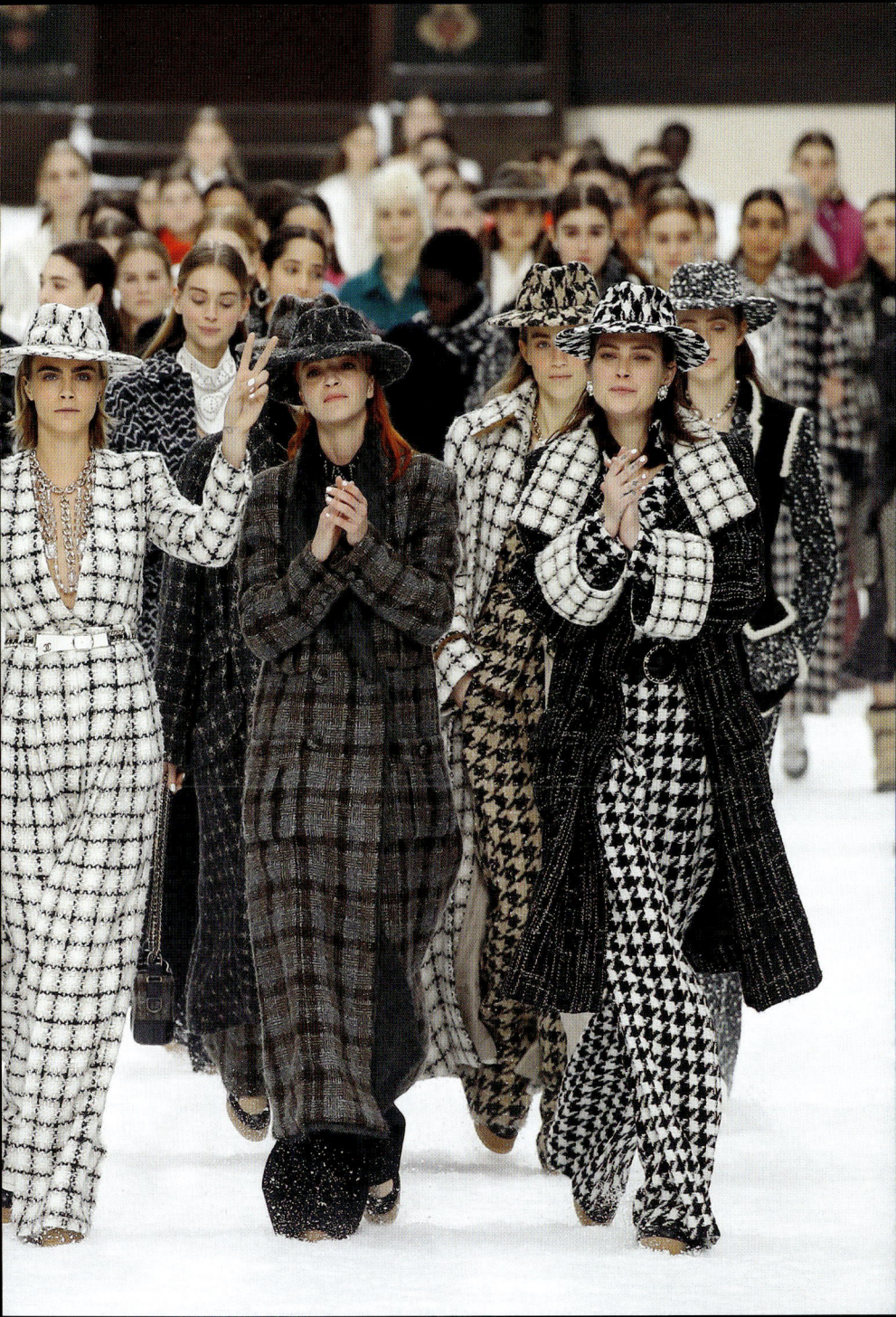

Página anterior
El último
desfile de Karl
Lagerfeld
para Chanel,
colección
Otoño-Invierno
2019, transcurrió
entre lágrimas y
aplausos en el
Grand Palais,
transformado
en un inspirador
pueblo alpino.

Página 8
La mítica
dirección 31 Rue
Cambon, sede
de la primera
boutique de
Chanel desde
1921. A pie
de calle se
encuentra la
tienda, y en la
primera planta,
el salón para
presentar las
colecciones.

CONTENIDO

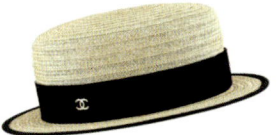

CANOTIER **PRINCIPIOS SIGLO XX**

Chanel popularizó el uso de este sombrero inspirado en el que usan los gondoleros venecianos.

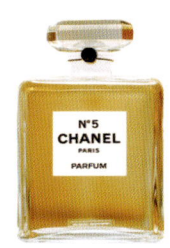

CHANEL Nº 5 **1921**

Este perfume que «huele a mujer» fue revolucionario en su composición. Esta fragancia ha acompañado a las mujeres durante más de un siglo.

LAZO **AÑOS 20**

Chanel comenzó a usar el lazo *grosgrain* para adornar sus sombreros. Este sencillo accesorio es uno de los predilectos de la casa.

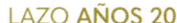

2.55 **195**

Chanel creó el bolso 2.55 para liberar a las mujeres de la esclavitud del bolso de mano. Una pieza legendaria y uno de los mayores objetos de deseo en el mundo de la moda

LOS *MUST* DE CHANEL

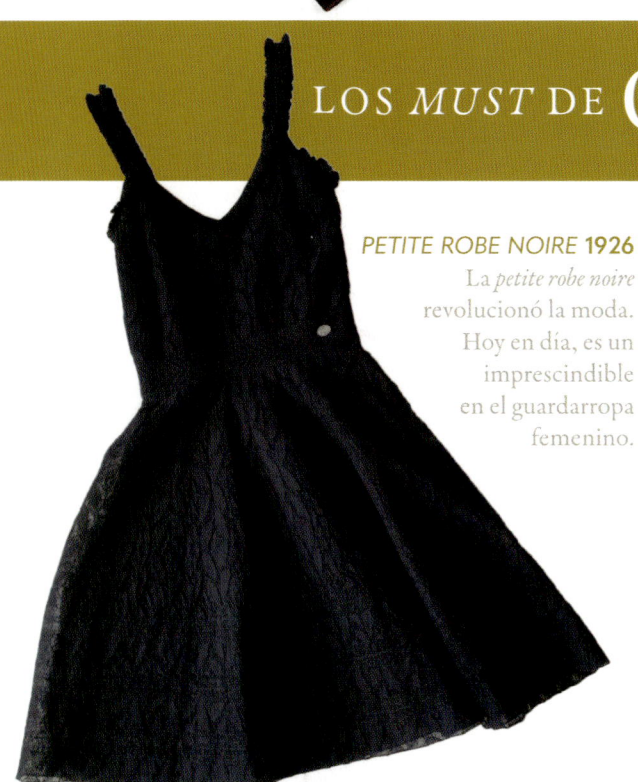

PETITE ROBE NOIRE **1926**

La *petite robe noire* revolucionó la moda. Hoy en día, es un imprescindible en el guardarropa femenino.

ZAPATO **1955**

Chanel completó su guardarropa con estos zapatos versátiles, diseñados para usar de la mañana a la noche.

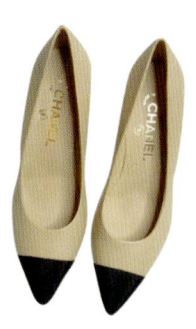

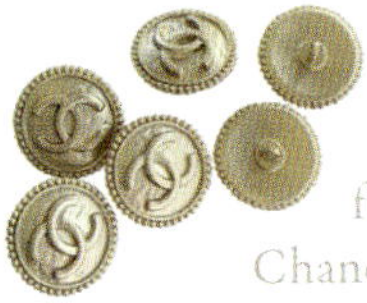

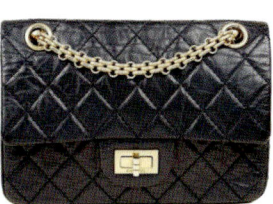

BOTONES **1925**

El logo de la doble C fue creado por Gabrielle Chanel. Los botones con este monograma son uno de los elementos más distintivos de la *maison*.

TAILLEUR **1954**

Una de las prendas más icónicas de Chanel. Este traje, compuesto por una chaqueta flexible y una falda por debajo de las rodillas, se convirtió en un símbolo de elegancia y sofisticación.

SEGÚN *Mitia Bernetel*

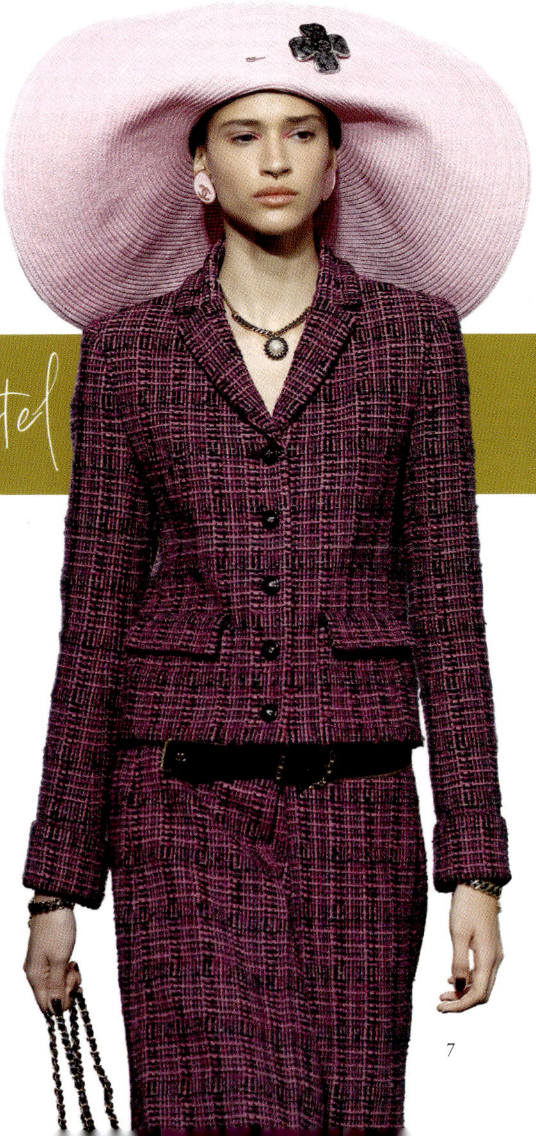

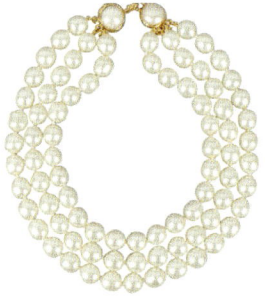

PERLAS **AÑOS 20**

Chanel introdujo las perlas, auténticas y falsas, como un accesorio esencial, creando un *look* icónico y atemporal.

7

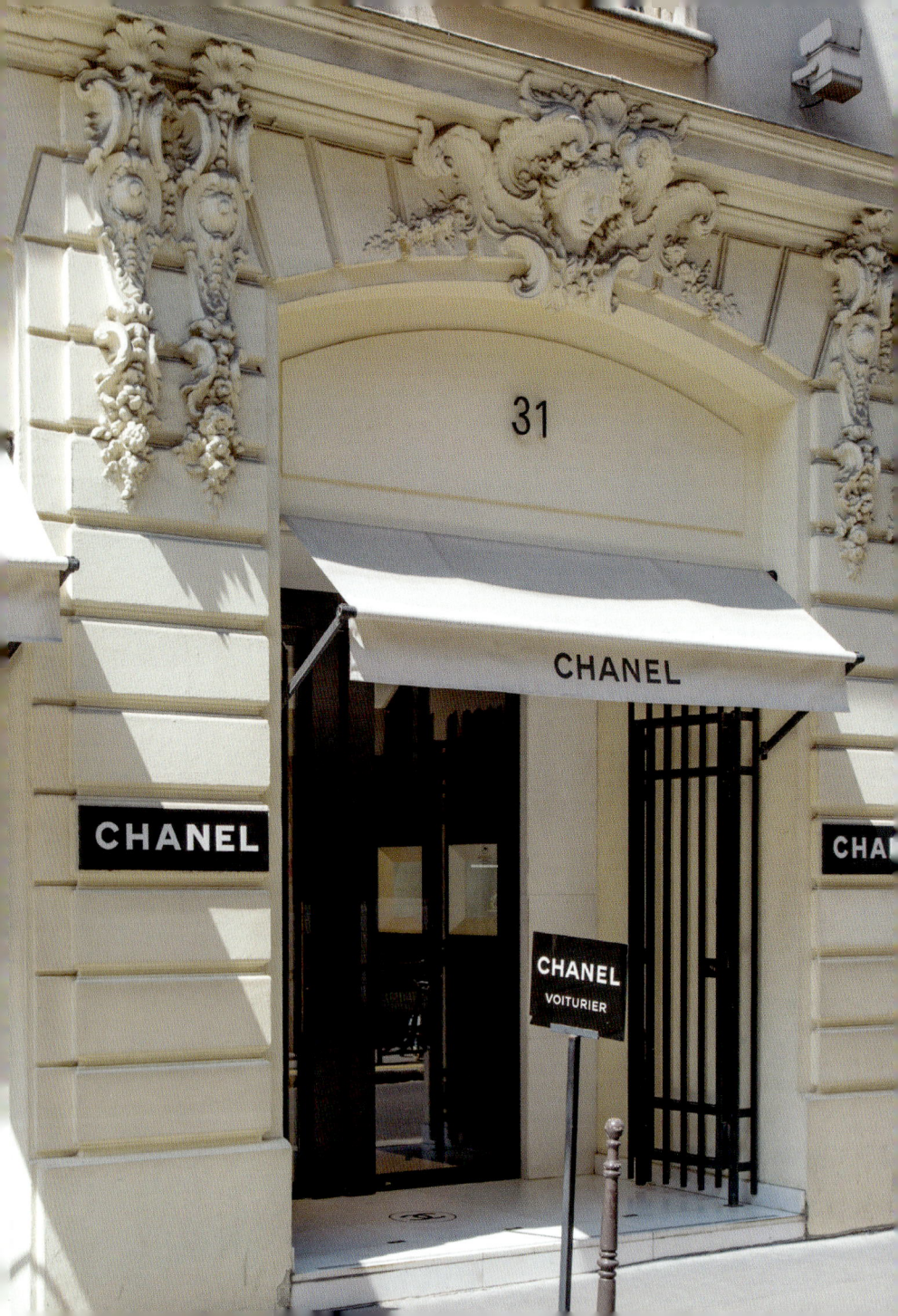

TODO EMPEZÓ CON CHANEL

El estilo de la *maison* Chanel nació de la necesidad de su fundadora, Gabrielle «Coco» Chanel, de ser una mujer libre y activa. En una época en que la moda estaba dominada por hombres, ella reescribió las convenciones sobre la feminidad y definió su propio sello, afirmándose a través de creaciones icónicas, como la *petite robe noire* y el *tailleur*, fieles a una filosofía clara: simplicidad, practicidad y elegancia relajada.

Estas características se han mantenido relevantes a lo largo de las décadas, en gran parte gracias a la enorme aportación de Karl Lagerfeld que, al tomar la dirección de la *maison* tras la muerte de la fundadora, logró actualizar su legado adaptándolo al gusto contemporáneo. Por ello, Chanel posee un patrimonio fuerte y distintivo, refrescado y reeditado también en los últimos años por Virginie Viard que ha conseguido que, en un mundo tan efímero como el de la moda, la marca siga siendo sinónimo de elegancia y estilo atemporal.

UNA *BOUTIQUE*
EN LA RUE CAMBON

El 1 de enero de 1910, Gabrielle «Coco» Chanel, una joven de veintisiete años, abría por primera vez las puertas de su negocio de sombreros, «Chanel Modes», en el número 21 de la Rue Cambon. La tienda, situada en un elegante edificio estilo haussmanniano y a pocos pasos de la Place Vendôme y de la Rue du Faubourg Saint-Honoré, se encontraba en un enclave inmejorable. El Ritz quedaba a tan solo cuatro minutos a pie. Un poco más lejos, la famosa floristería Lachaume atendía los pedidos de la realeza, y se decía que cada día Marcel Proust se detenía allí para comprar la flor que siempre llevaba en el ojal.

Sin duda, era el lugar ideal para una joven con ambiciones, y Gabrielle Chanel las tenía. Nacida en el Hospicio General de

Saumur, un hospital para los más necesitados, el 19 de agosto de 1883 y criada por las monjas de la abadía de Aubazine tras la muerte de su madre cuando ella tenía doce años, había aprendido desde muy pequeña no solo a coser y bordar, habilidades típicas para las señoritas de la época, incluidas las huérfanas, sino también a apreciar el esquivo encanto de los hábitos de las monjas, el blanco y negro y la sobriedad de las formas, lejos del rebuscado gusto de la *belle époque*. No fue esa la única enseñanza que adquirió detrás de los muros de la abadía. Como ella misma reconoció años más tarde, también experimentó de primera mano la escasez, la pobreza y el abandono.

Los años en Aubazine forjaron el carácter de la joven, tal como las vivencias duras crean personalidades resistentes y precoces. A los dieciocho años, consciente de que ya había enfrentado suficiente rigor en su vida, decidió probar suerte en los escenarios como cantante de vodevil. Aunque su talento para cantar era limitado, su gracia para vestirse y crear sombreros y tocados era innegable. Gabrielle Chanel destacaba, no era como las demás muchachas, mucho menos como se esperaría de la hija ilegítima de una joven campesina y de un vendedor ambulante alcohólico.

Ya afincada en el número 21 de la Rue Cambon, y antes de atreverse a cortar su frondosa melena para adoptar su distintivo corte a lo *garçonne*, Gabrielle Chanel llamaba la atención de las recargadas damas del *fin de siècle* con su estilo varonil, sus corbatas de hombre anudadas en un lazo flojo y sus *looks* que no solo buscaban la comodidad, sino que también eran una expresión de su identidad. «La estética no es sino el reflejo externo de una honestidad moral, de una autenticidad de sentimientos», diría años más tarde a su amigo Paul Morand.

Gabrielle «Coco» Chanel a los 26 años, en los inicios de su carrera con un peinado al estilo de la *belle époque* antes de cambiar su imagen con el original corte de pelo a lo *garçonne*. Su vestido prefigura su característico acercamiento más natural a las líneas corporales.

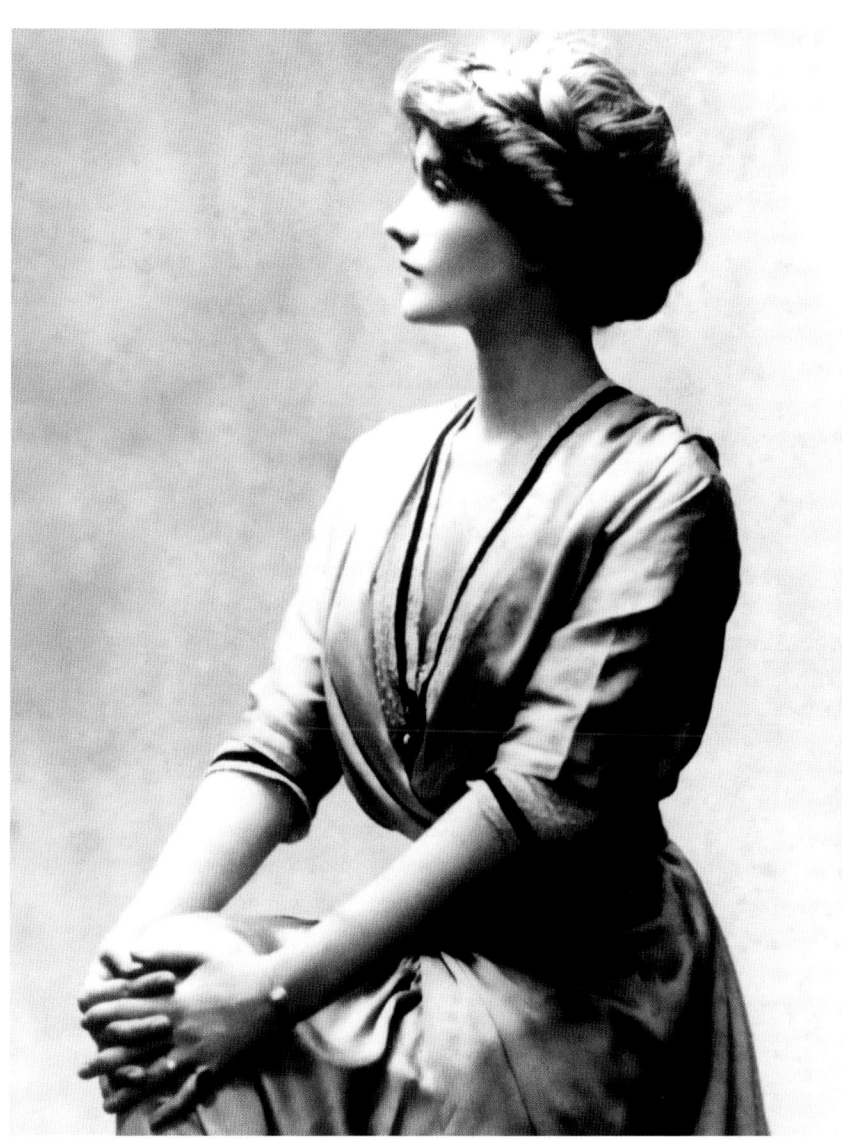

Antes de abrir su *boutique*, no obstante, Chanel había atravesado una serie de experiencias vitales que la llevaron directamente al corazón de la alta sociedad parisina. Porque, ¿qué probabilidades tenía una joven sin recursos de establecer su propia tienda de sombreros prácticamente en la esquina del Ritz? Muy pocas, sin duda, sobre todo considerando que las mujeres no podían solicitar créditos bancarios. Fueron dos hombres, los primeros amantes de los que sus biógrafos tienen constancia, Étienne Balsan y Arthur «Boy» Capel, quienes allanaron su camino proporcionándole apoyo económico. El primero, un joven adinerado cuya única afición conocida eran las mujeres y la cría de caballos, le permitió montar un modesto negocio en su propia casa del Boulevard Malesherbes, donde Chanel hizo sus primeros diseños de sombreros. Boy, un millonario inglés, fue quien financió el alquiler del local en la Rue Cambon. Más tarde, ya convertida en una empresaria exitosa, Gabrielle Chanel ironizaría sobre su posición de «mantenida», asegurando que fue gracias a que dos hombres se encapricharon de ella que pudo iniciar su negocio. Pero esta afirmación, como toda ironía, contenía una mezcla de verdad y exageración.

UN NEGOCIO DE SOMBREROS

En Aubazine, Gabrielle Chanel no solo había aprendido a coser y a rezar. Las monjas, quienes llevaban una vida autosuficiente, también le habían enseñado, aunque sin ser conscientes de ello, la importancia para una mujer de contar con sus propios recursos. Gabrielle Chanel deseaba abrirse camino, y lo cierto es que tenía con qué. Poseía ese raro pero imprescindible don que necesita cualquiera que desee dedicarse a una actividad artística, ya sea la escritura, la música, la pintura o la moda: tener algo que decir.

Los sombreros confeccionados por los diseñadores de la *belle époque* eran descomunales y estaban saturados de encajes, plumas, frutas, flores e incluso pájaros disecados. Estos extravagantes adornos los hacían sumamente incómodos; pesaban mucho y causaban horribles migrañas a las mujeres que los llevaban. A Gabrielle Chanel esta moda le parecía absurda. «No entiendo cómo las mujeres pueden siquiera pensar debajo de esos sombreros», solía decir. Su primer paso en la *boutique* de la Rue Cambon, en realidad su primer acto de afirmación como crea-

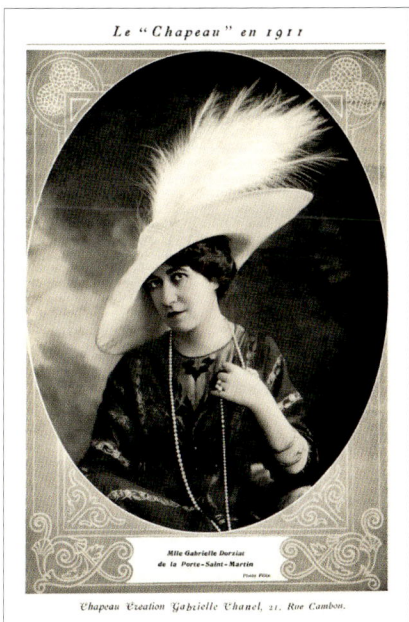

Le "Chapeau" en 1911

Mlle Gabrielle Dorziat
de la Porte-Saint-Martin

Chapeau Création Gabrielle Chanel, 21, Rue Cambon.

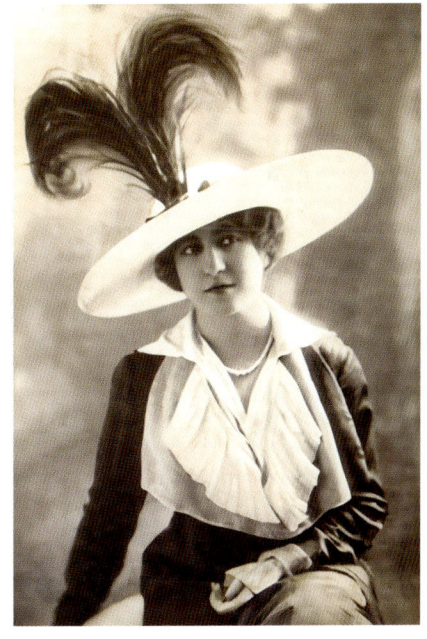

dora de moda, fue, justamente, liberar a los sombreros de todo ese exceso. Una pluma, una sola, o una cinta de *grosgrain* bastaban para hacerlo un objeto encantador y sobre todo cómodo.

Sus creaciones gustaron mucho entre las damas de la alta sociedad, siempre ávidas de novedades. La actriz Gabrielle Dorziat fue una de las primeras en lucir sus diseños, y rápidamente su ejemplo fue seguido por muchas otras. Chanel siguió innovando y llevando su propio concepto aún más lejos. Cuando su nombre ya circulaba de boca en boca y los pedidos no paraban de llegar, Chanel apareció una mañana en el hipódromo de París con un sencillo traje de chaqueta y tocada con un *canotier*, un sombrero de paja de copa recta y ala corta, cuyo origen se atribuye a los gondoleros venecianos que lo usaban para protegerse del sol. La arriesgada apuesta escandalizó a la flor y nata parisina, pero, una vez superada la sorpresa inicial, el *canotier* se convirtió en la nueva pieza imprescindible del guardarropa femenino. A Chanel no le habían fallado ni el gusto ni la intuición. Como diría más tarde, «Mientras me dirigía a las carreras ese día, no dudaba de que asistía a la defunción del siglo XIX».

BOUTIQUES EN DEAUVILLE Y BIARRITZ

Unos años antes de que Chanel abriera su primera *boutique*, el modisto Paul Poiret había revolucionado la moda femenina

Caricatura de Chanel y su amante inglés Arthur «Boy» Capel realizada por el dibujante Sem (Georges Goursat) en 1913 para *Le Fígaro*. Capel, convertido en un centauro, carga a Chanel en sus brazos durante un fantasioso partido de polo.

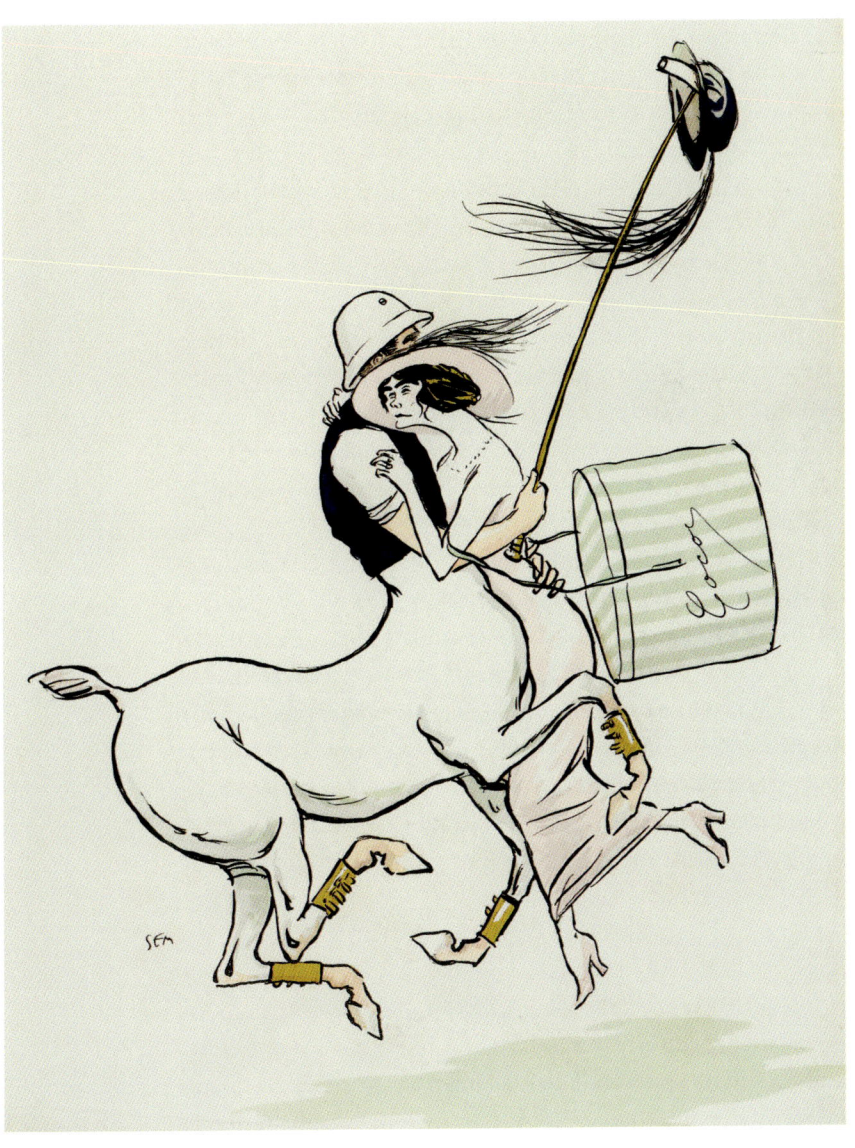

con una nueva silueta que eliminaba el corsé. Sus diseños se entallaban ligeramente en el pecho y caían libremente hacia los pies. Poiret denominó a esta silueta de inspiración helénica «La Vague», la ola, ya que parecía envolver el cuerpo en suaves ondas marinas. Poiret, influenciado por los estilismos de los *ballets* rusos producidos por Serguéi Diáguilev, introdujo en la moda francesa femenina pantalones de estilo oriental, quimonos, túnicas ligeras y turbantes para el pelo. En un acto de contrición por tanta sensualidad, también inventó la falda trabada, que se ceñía a la altura de las pantorrillas, obligando a las mujeres a caminar con pequeños pasos.

Gabrielle Chanel era delgada, menuda y le encantaba hacer deporte. Consideraba las fantasías de Poiret aburridas y aptas únicamente para un tipo de mujer que ella no era: ociosa y sedentaria. En el Château de Royallieu, la propiedad del siglo XIII que Balsan poseía cerca de París, había aprendido a montar a caballo. También había conocido el lujo y lo había disfrutado, pero no hasta el punto de volverse loca por la ostentación. Más bien, había intentado adaptar el lujo a su propia forma de ser y necesidades, de modo que solía pasearse por la finca con pantalones de montar y prendas de corte masculino, cómodas y relajadas: había descubierto en 1910 lo que muchas marcas pregonan hoy: la verdadera esencia del lujo es que pase desapercibido.

En 1913, en pleno romance con Boy, Chanel decidió reinventarse en Deauville, un elegante destino turístico en la costa de Normandía. Allí había fastuosos hoteles y mansiones señoriales, pero el mar estaba solo de adorno. Nadie se metía en sus aguas, no porque estuvieran frías, que lo estaban, sino porque aún no se había puesto de moda bañarse en el mar. Las damas se paseaban por el paseo marítimo vestidas de blanco, haciendo

Gabrielle con Arthur «Boy» Capel y Constant Say en la playa de Saint-Jean-de-Luz en 1917. En ella se aprecia el auge entre las clases adineradas del ocio al aire libre que tanto inspirará a Chanel en sus primeros años.

girar sus sombrillas, o se refugiaban en sus tiendas de lona en la playa, donde pasaban el día con la misma ropa elegante y restrictiva que usaban en la ciudad. Chanel, desde la terraza de su suite en el Hôtel Normandy o en Le Bar du Soleil miraba a esas señoras y tenía la misma sensación que cuando contemplaba los pesados sombreros que ella misma había dejado obsoletos: apenas se podían mover, reír o comer sin desmayarse.

Con el apoyo de su amante, abrió una tienda en la Rue Gontaut-Biron. En grandes letras negras pintadas en el toldo

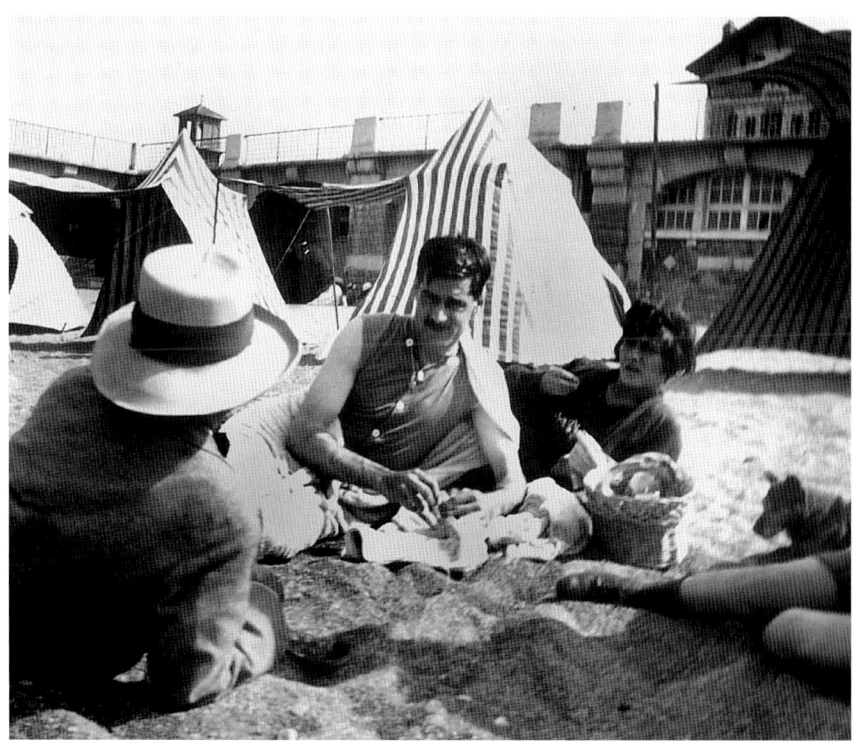

se leía: «Gabrielle Chanel». Dentro de ese espacio, la diseñadora comenzó una verdadera revolución en el mundo de la moda. En 1913 no había ropa *sport* y los materiales considerados apropiados para la vestimenta femenina eran el encaje, el tafetán, la gasa o el satén. Gabrielle Chanel se atrevió a romper moldes al elegir un material poco convencional para sus creaciones: el jersey. Este tejido de punto, originalmente de bajo

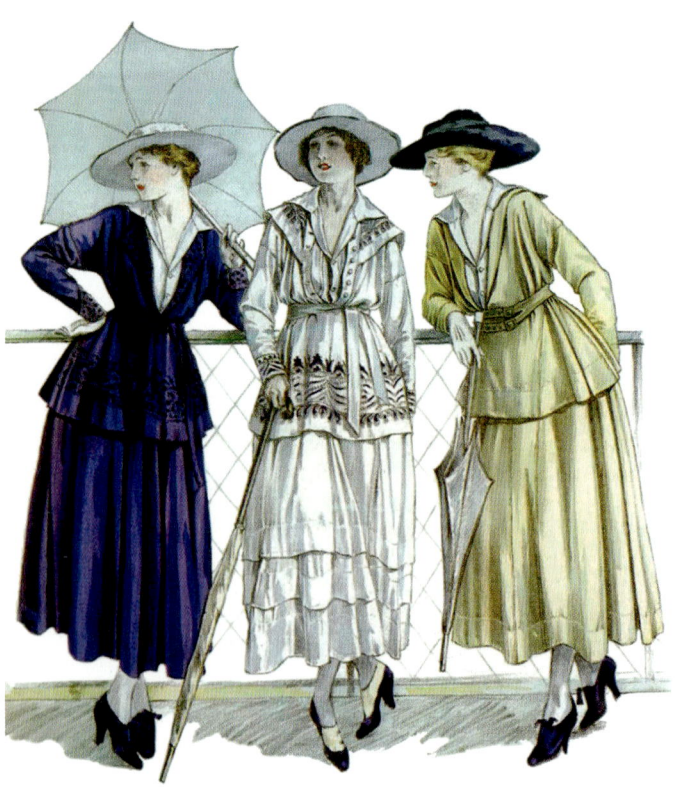

Ilustración para la revista de moda *Les Élégances Parisiennes*, marzo de 1917, que muestra los primeros modelos de trajes de punto de Chanel, compuestos por chaquetas tipo túnica con cinturón y faldas de punto.

costo y reservado para la confección de ropa interior masculina, fue transformado por Chanel en el emblema del chic. El jersey fue una auténtica revolución para las veraneantes de Deauville, que al fin podían tener un guardarropa ideal para sus paseos marítimos. Las chaquetas de punto holgadas, faldas y blusas marineras confeccionadas en jersey se hicieron instantáneamente populares entre las mujeres adineradas de Deauville. Para finales del verano, la tienda le había dejado a Chanel un beneficio de 200.000 francos oro.

El asesinato del archiduque de Austria en Sarajevo, que dio comienzo a la Primera Guerra Mundial, simbolizó el fin de una era en Europa, pero no para las mujeres acaudaladas que encontraron refugio en la costa y continuaron impulsando el negocio de Chanel. Un año más tarde, en julio de 1915, Chanel se atrevió a abrir en Biarritz su segunda casa de costura, consolidando aún más su posición en el mundo de la moda.

La clientela de aquella pequeña ciudad del país vasco francés era aún mucho más exclusiva e internacional que la de Deauville. Napoleón III había levantado allí un precioso palacio frente al mar, que en 1915 funcionaba como hotel y que solía alojar a miembros de la realeza europea. El entorno merecía una propuesta acorde, una que no solo ofreciera comodidad y libertad, sino también lujo y exclusividad. En el número 2 de la Avenue Edouard VII, Chanel creó su primera colección de alta costura con trajes y vestidos más formales, hechos a medida y adecuados para los eventos más exclusivos de la alta sociedad.

EL DEPORTE COMO INSPIRACIÓN

La popularización del deporte entre las clases acomodadas a principios del siglo XX tuvo un profundo impacto en la moda. Gabrielle Chanel fue una pionera en esta transformación, introduciendo el punto en el guardarropa femenino. Este material aportó una nueva fórmula de comodidad y estilo, redefiniendo el concepto de elegancia.

Chanel creó prendas de punto inspiradas en el deporte que liberaban el cuerpo de la mujer, permitiéndole estar elegante y cómoda en cualquier ocasión. En 1924, llevó su enfoque a la danza colaborando en el vestuario del *ballet Le Train Bleu*, producido por Serguéi Diáguilev y con decorados de Pablo Picasso.

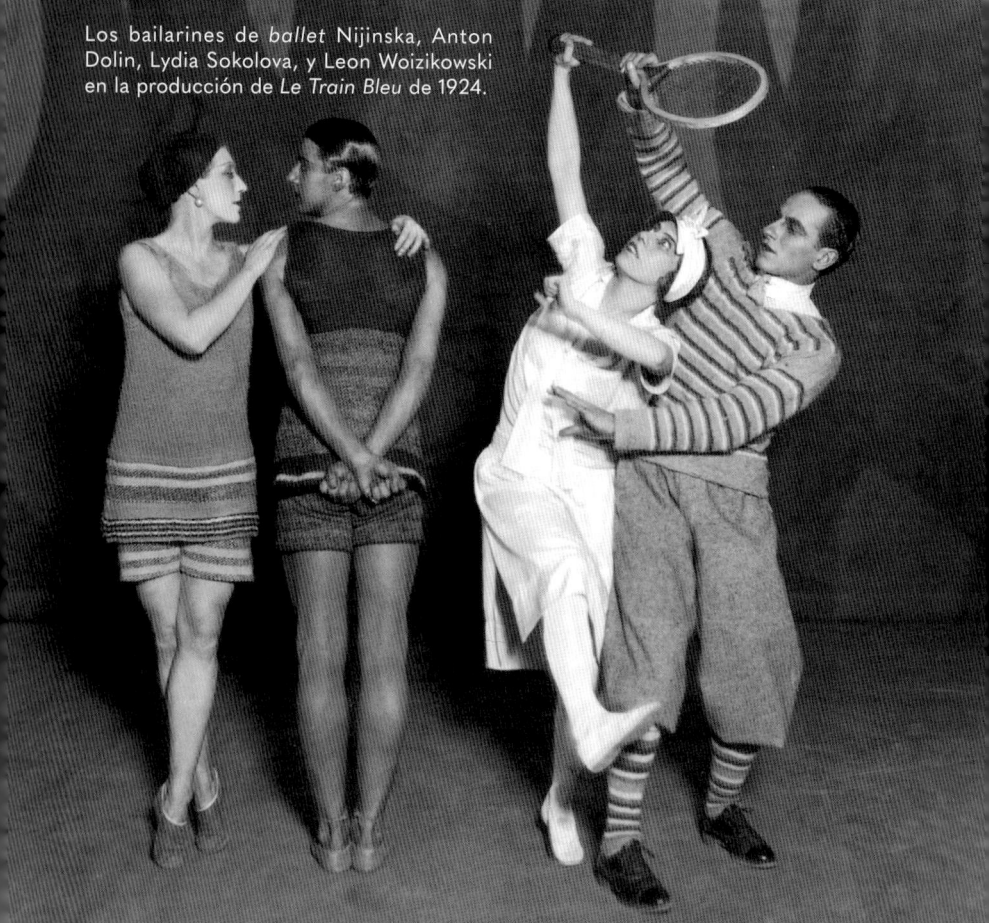

Los bailarines de *ballet* Nijinska, Anton Dolin, Lydia Sokolova, y Leon Woizikowski en la producción de *Le Train Bleu* de 1924.

Bajo estas líneas, una mujer patinando en una estación de esquí con un modelo de Chanel de 1926 y la diseñadora jugando al golf, alrededor de 1910. A la derecha, la modelo Cara Delevigne desfilando con deportivas en 2014. Siguiendo la estela de su fundadora, la marca sigue inspirándose en las prendas deportivas.

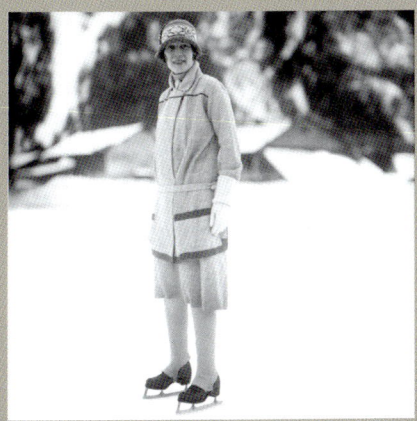

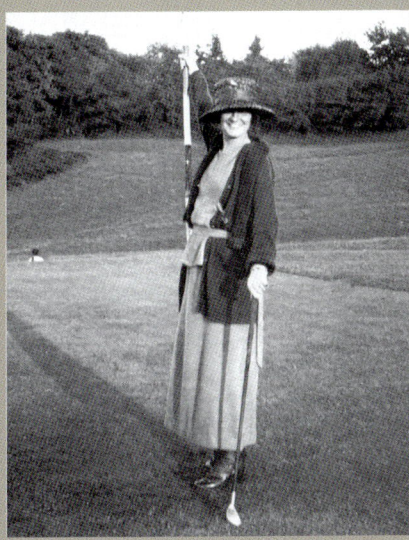

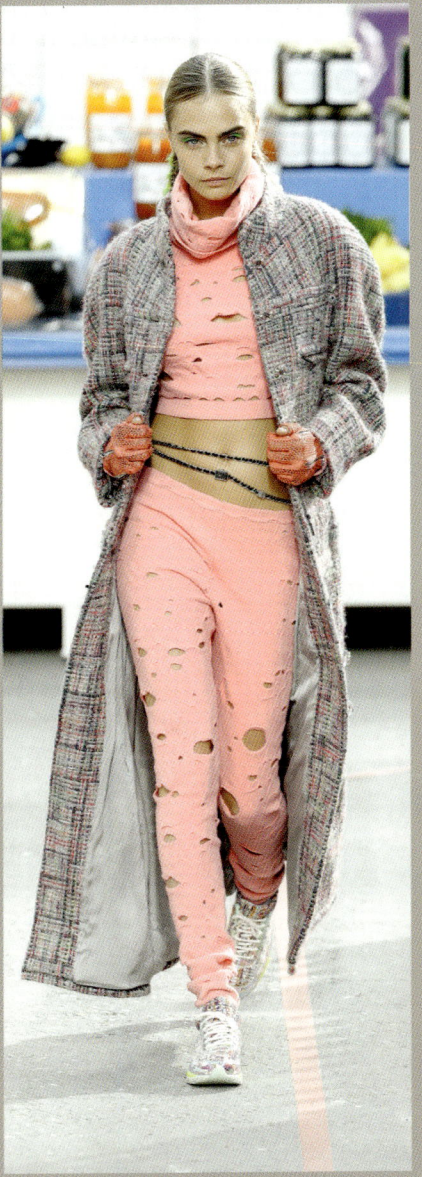

Fue uno de los vestidos diseñados en Biarritz el primero en aparecer publicado en una revista, la prestigiosa *Harper's Bazaar*, en 1916. Se trataba de un diseño estilo túnica, hecho en jersey color gris, superpuesto sobre un chaleco de corte masculino y sin cintura, solo un fajín anudado en torno a las caderas. La prenda, ante la cual la prensa americana no pudo resistirse,

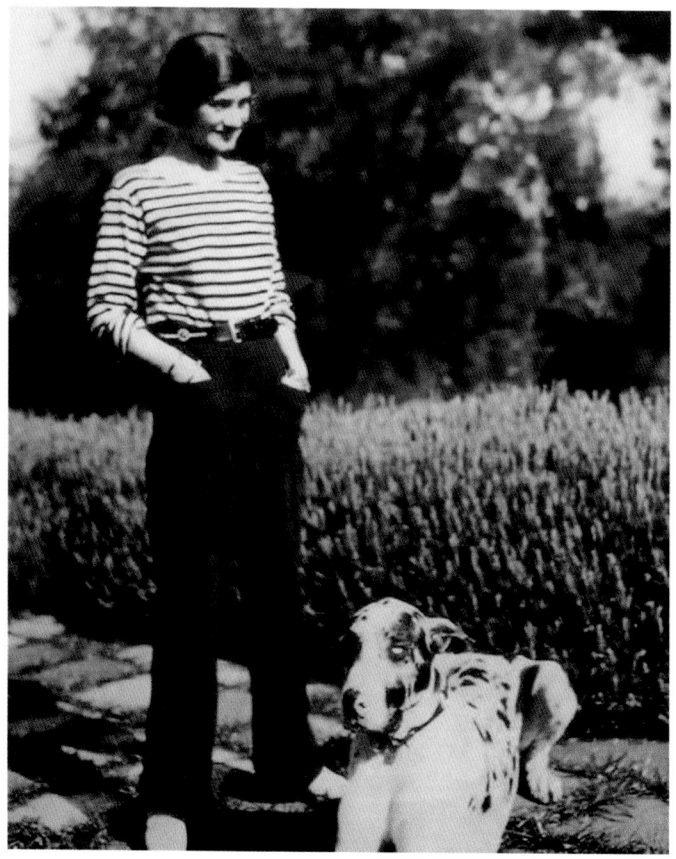

Gabrielle Chanel alrededor de 1930 en la Riviera francesa, vistiendo una camiseta marinera, prenda que se convertirá en firma de su estilo, y un pantalón de punto.

aunaba las bases estéticas que Chanel defendería siempre: sencillez, practicidad y una elegancia relajada.

En plena Primera Guerra Mundial, la mayoría de las fábricas textiles en Francia estaban dedicadas a producir uniformes militares, lo que causó una notable escasez de tejidos. Sin embargo, debido a la cercanía con la frontera española, Chanel lograba adquirir materiales de calidad como la seda y la lana, aunque no siempre en las cantidades que su creciente negocio requería. Por esta razón, continuó trabajando con el punto, tal como lo había hecho en Deauville, demostrando que incluso los tejidos más modestos pueden ser transformados en piezas de gran belleza. Los tintes también eran escasos, pero esto no representó un gran inconveniente para ella, pues su paleta de colores se limitaba intencionadamente al negro, blanco, beige, rojo y azul.

Chanel era ingeniosa y práctica, y sabía adaptarse a los tiempos cambiantes. No se trataba solo de ingeniárselas con los materiales, sino de comprender que las necesidades y formas de vida habían cambiado radicalmente por la guerra. Muchas mujeres tuvieron que ocupar trabajos que antes estaban reservados a los hombres y, en muchos casos, se convirtieron en el único sostén de sus familias. La sobriedad y la libertad de movimiento se transformaron en los pilares del vestuario femenino, algo que ella supo ver. Un mundo se acababa, otro estaba a punto de nacer. Y ella se hallaba en el lugar y el momento precisos para proporcionar a su época exactamente lo que necesitaba.

Una de las prendas más icónicas que Gabrielle Chanel puso de moda durante los tiempos de guerra fue la camiseta marinera, que incorporó a su colección náutica de 1917. La prenda estaba inspirada en el uniforme oficial de los marineros franceses que, según el dictado de la Armada, debía tener 21 franjas azules sobre fondo blanco, una por cada victoria de Napoleón Bonaparte.

El negocio de Biarritz prosperó de manera espectacular. En 1916, Chanel empleaba a 300 personas y, al terminar la guerra, su éxito era tal que amplió su negocio en París y se trasladó a un local mucho más amplio en el número 31 de la Rue Cambon.

La diseñadora se había convertido en una empresaria de éxito, pero la muerte en 1919 de Boy, aunque por aquel entonces ya no eran amantes, la sumió en una profunda depresión. Para sacarla de ese pozo, sus amigos, el pintor José María Sert y su esposa, la pianista Misia Sert, la única amiga verdadera que Chanel tendría en toda su vida, la llevaron a Venecia. Algo de aquella estructura irregular y laberíntica, la vibrante belleza de las obras de arte y el reflejo onírico de los *palazzi* en las aguas verdes de los canales caló en su espíritu dolido y le devolvió las ganas de vivir.

En Venecia, Chanel conoció a Serguéi Diáguilev, el influyente empresario de los Ballets Rusos que tanto había influenciado a Poiret. Esta experiencia refinó aún más su gusto estético y desarrolló en ella una fascinación por todo lo ruso que se plasmó en las colecciones de Otoño de 1922 y Primavera de 1923, inspiradas en la ropa tradicional rusa, como los sarafanes, caftanes y la blusa *roubachka*. La escueta paleta de colores de esta propuesta era un anuncio del que sería su siguiente paso creativo: proponer el negro. Un color que subrayaba lo esencial, porque le recordaba el rigor monástico del orfanato de Aubazine y porque, en sus propias palabras, «hacía visible el resplandor de una mujer».

La modelo Marion Morehouse, fotografiada por Edward Steichen, luciendo un vestido de noche de Chanel de 1924. Gabrielle incorporaba las líneas rectas y sueltas inspiradas en el *art déco* también en los vestidos de noche.

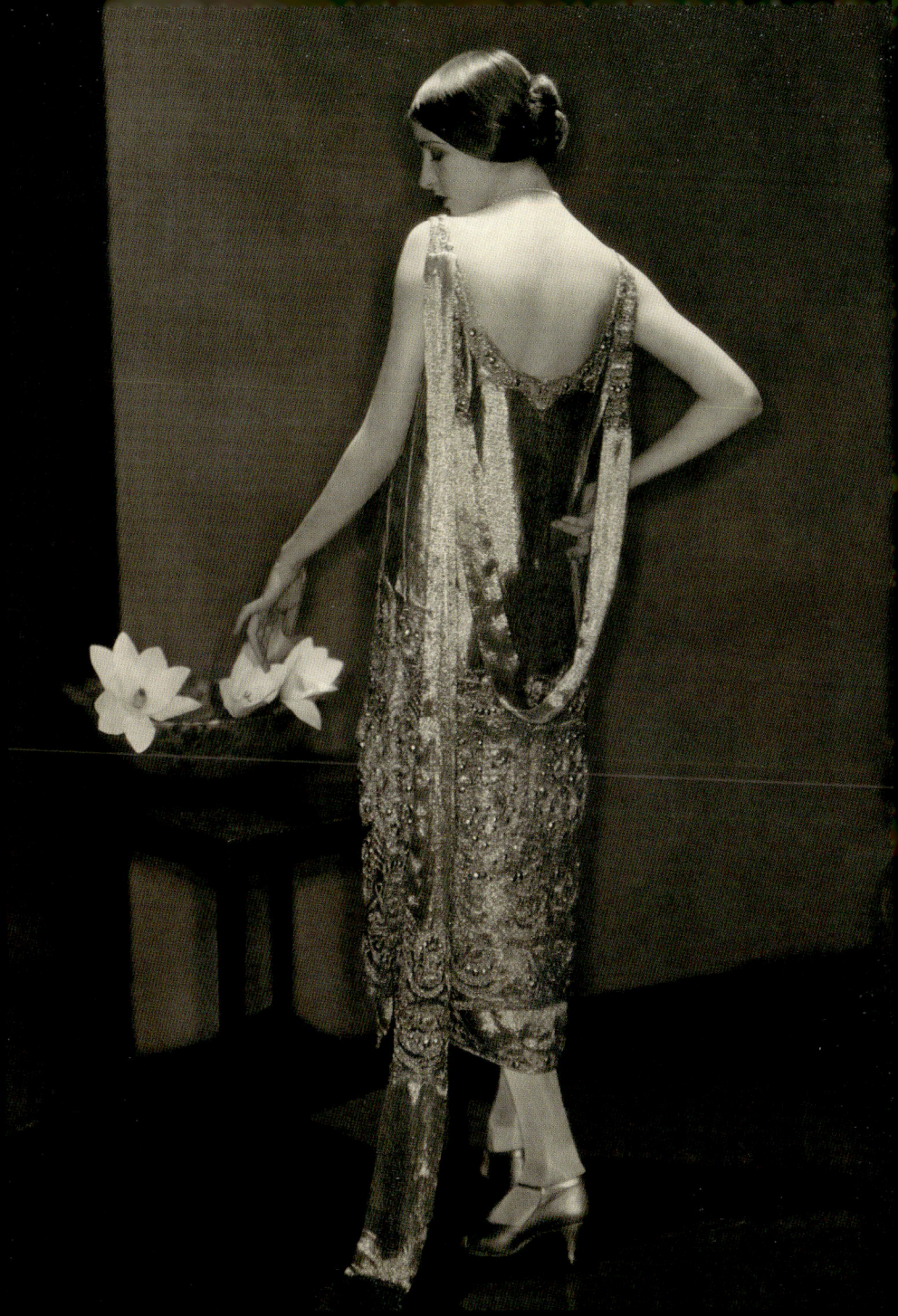

LA *PETITE ROBE NOIRE*

A mediados de la década de los años 20, Gabrielle Chanel se encontraba en la cúspide de su carrera, consolidada como la reina indiscutible de la moda y el estilo. Aunque tenía competidores talentosos como Madeleine Vionnet, Jeanne Lanvin y Lucien Lelong, ninguno era tan original. La competencia no se limitaba a estilos o calidades; lo que la volvía única era algo más profundo. Se trataba de la esencia misma de la diseñadora, de su inigualable personalidad y de lo que ella representaba y ofrecía al mundo.

Chanel no se consideraba una simple proveedora de moda. De haber sido así, habría intentado satisfacer los deseos de sus clientas, seguir las tendencias del momento y

Inventé la ropa sport *para mí; no porque otras*
mujeres hicieran deporte, sino porque yo lo hacía

COCO CHANEL

ajustarse a ellas. Para Chanel, en cambio, su principal brúju-
la era ella misma y su propio deseo o necesidad. «Inventé la
ropa *sport* para mí; no porque otras mujeres hicieran deporte
sino porque yo lo hacía», afirmaría. La moda, para ella, era
un acto de creación. En esa época, organizaba fiestas a las que
asistían figuras como Pablo Picasso, Erik Satie, Ígor Stravinski o Jean Cocteau. Encontraba inspiración en su compañía,
pero también actuaba como mecenas, financiando a algunos
de ellos, como a Stravinski y su familia durante su estancia en
París en 1920.

Chanel trabajaba siempre sin boceto; daba sus indicaciones
a la jefa de taller, la *première d'atelier*, y la modelo permanecía
largas horas de pie, sin moverse, a veces incluso hasta ocho
horas seguidas. La diseñadora, con la cara tensa y casi siempre
de mal humor, armaba y desarmaba, cortaba y suprimía, uti-
lizando solo tijeras y alfileres, sus dos únicas herramientas.
«Trabajo desde la cólera», afirmaba a menudo. Pero no era
simplemente ira o mal genio lo que hacía temblar a sus ayu-
dantes, sino la cólera en el sentido poético que le daban los
clásicos antiguos, como una manifestación del coraje, la am-
bición y la pasión.

Una de sus obsesiones era la espalda de la mujer. «Toda la
articulación del cuerpo está en la espalda; todos los gestos
parten de la espalda», explicaría años más tarde a su amigo
Paul Morand. Sus clientas tenían que poder moverse, fluir en
el interior de la prenda, doblar las rodillas, jugar al golf, subir

y bajar de un coche sin restricciones. Los tiempos habían cambiado radicalmente después de la guerra. Además de incorporarse al ámbito laboral, las mujeres, producto quizá de las secuelas psíquicas de la Gran Guerra, tenían también un

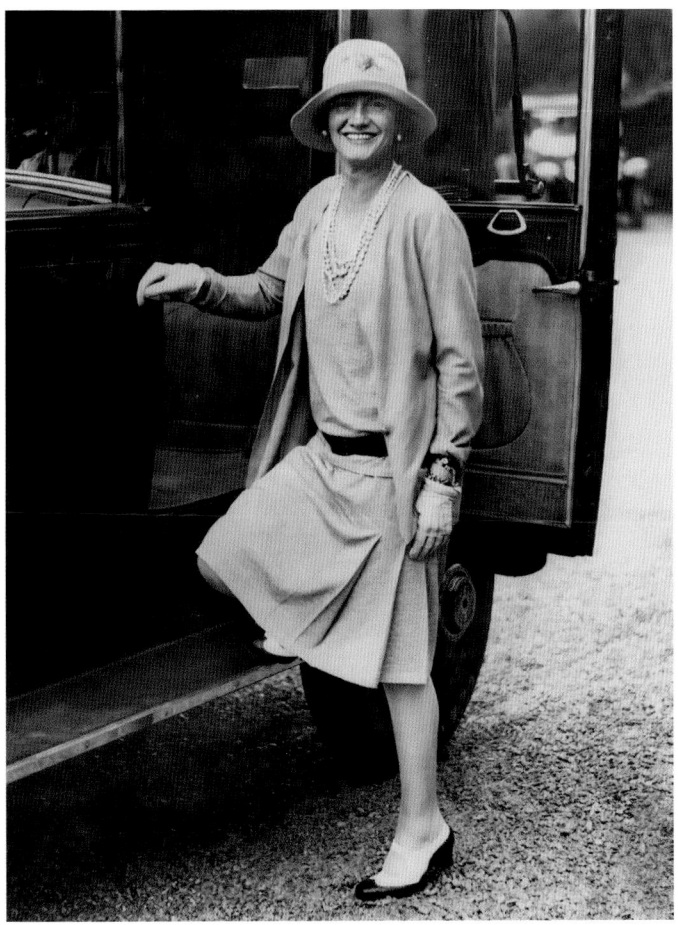

Chanel en Biarritz en 1928. La diseñadora personificaba la elegancia atemporal con su vestido de punto, cárdigan, perlas, un sencillo sombrero *cloche* y unos zapatos bicolor, elementos característicos de su estilo.

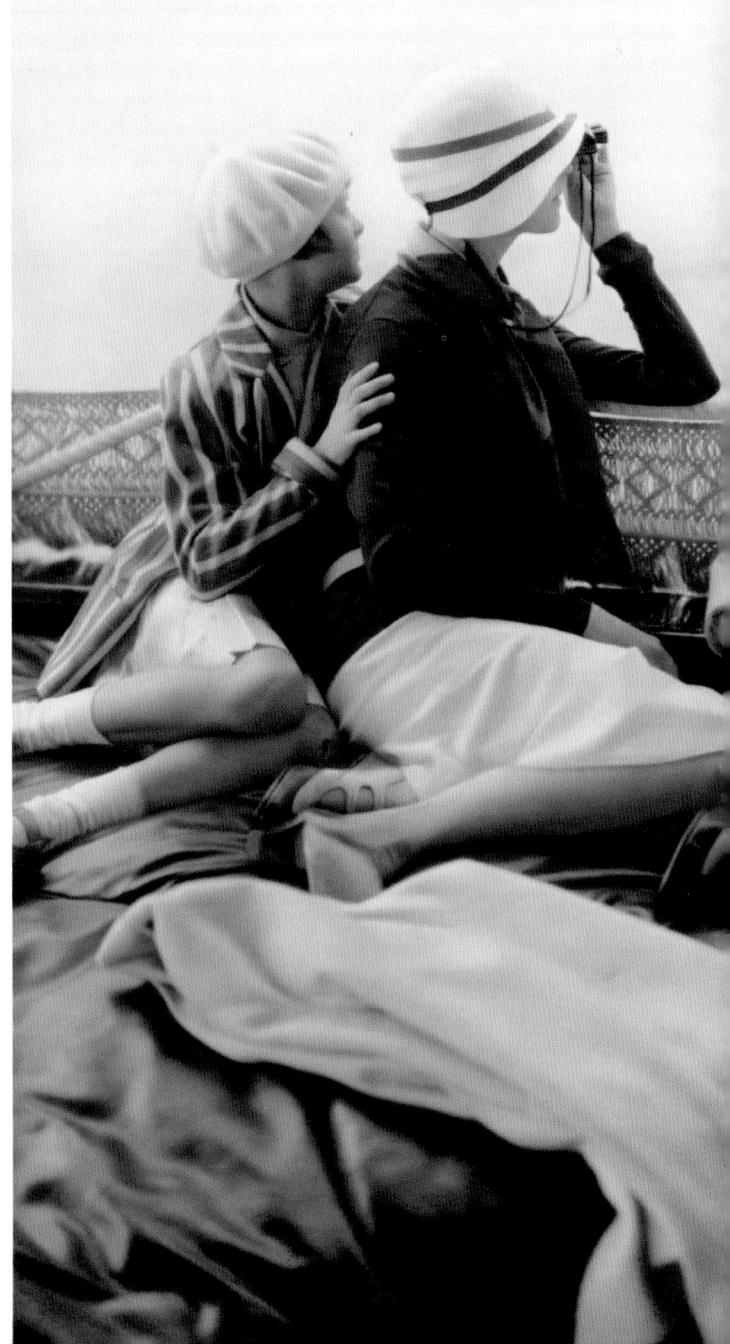

Fotografía de Edward Steichen publicada en la revista *Vogue* en 1928 con cuatro de las mejores modelos del momento, todas ellas epítome del estilo *flapper*. De izquierda a derecha: June Cox con un diseño desconocido; E. Vogt vestida de Chanel, con un sombrero *cloche* de Reboux; Lee Miller con un vestido de Mae y Hattie Green y con un chal de Chanel; y Hanna-Lee Sherman con un diseño desconocido.

CHANEL

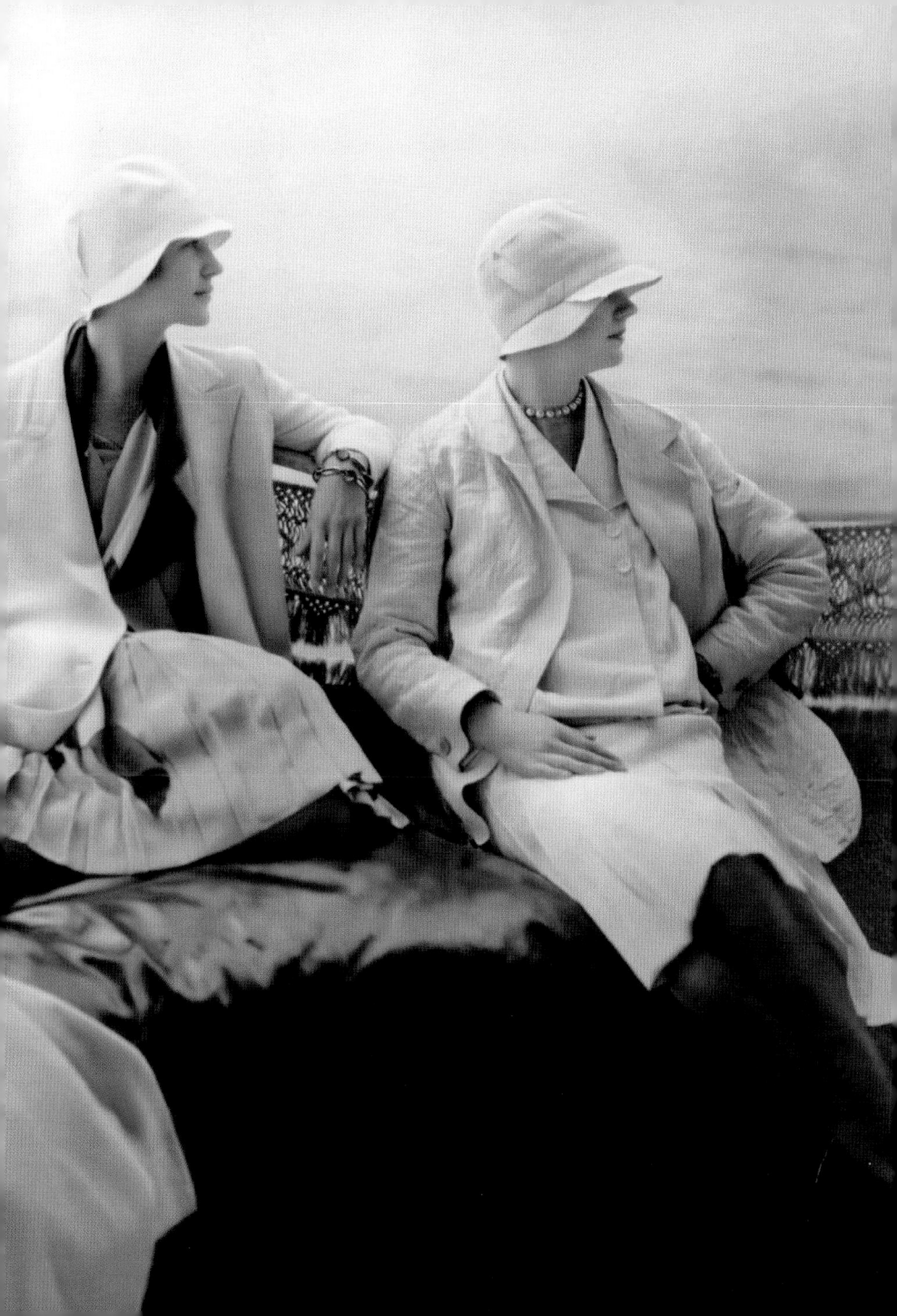

hambre de vida, de libertad, de placeres. Las *flappers*, un anglicismo para referirse al nuevo tipo de mujer de los años 20, reflejaban estos cambios importantes en el comportamiento y los roles femeninos. En su afán por desafiar lo socialmente correcto, las *flappers* llevaban el pelo cortado a lo *garçonne*, fumaban, bebían, conducían y vivían entregadas al dulce hedonismo.

Incluso antes de la guerra, la manera de vivir de Chanel ya reflejaba el estilo de estas jóvenes, consolidándola como una verdadera precursora del movimiento. Sus vestidos de noche y de cóctel de esta época estaban confeccionados en tejidos etéreos como el chifón y el tul, a menudo adornados con abalorios de cristal que capturaban la luz y brillaban con cada movimiento. Cortados en una sola pieza, creaban una silueta uniforme y fluida, sin costuras. La longitud de las faldas variaba, pero nunca subía por encima de la rodilla, ya que Chanel consideraba que esta era la parte menos favorecedora del cuerpo femenino. Para aquellas que podían permitírselo, los vestidos de Chanel representaban una promesa de libertad, independencia y lujo discreto.

Aunque no era solo ropa y glamur lo que iban a buscar las mujeres en Chanel. En realidad, lo que llamaba poderosamente a las damas de la alta sociedad que acudían a la primera planta del número 31 de la Rue Cambon, donde Chanel presentaba sus colecciones en un salón forrado de espejos, era un concepto rompedor: la yuxtaposición de la elegancia femenina y la liberación de las restricciones impuestas por la moda del pasado. Esta idea se cristalizó en la creación de su prenda más representativa: la *petite robe noire*. Un diseño simple y básico con el que Chanel revolucionó el guardarropa de las mujeres.

UN VESTIDO PARA TODAS
LAS OCASIONES

En 1926, aparecía en la edición americana de *Vogue* un vestido negro de Chanel confeccionado en crepé de China, con mangas largas y ajustadas, escote redondo y talle bajo. La publicación lo llamó «Chanel's Ford» porque, al igual que el popular vehículo Ford T, era un diseño sencillo y asequible, destinado a ser un elemento básico en el guardarropa de todas las mujeres.

La diseñadora era una ávida lectora. Le gustaban Dostoievski, Gógol, Turguéniev, Chéjov, Mallarmé, Valéry. Adoraba a Rilke y a Lautréamont. Quizás su amor por la literatura, por

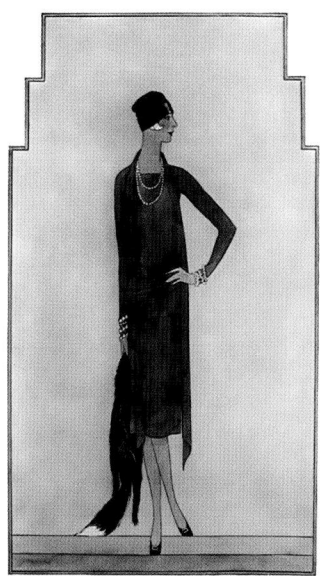
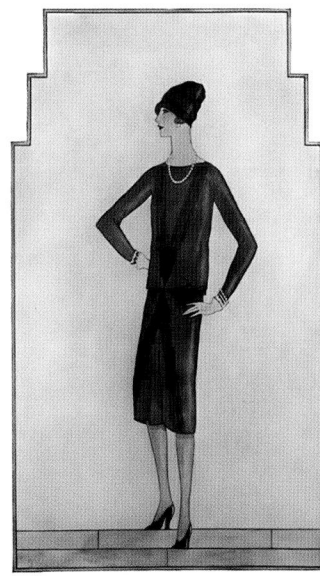

Ilustración de la *petite robe noire* de Chanel, publicada en la edición estadounidense de *Vogue* en octubre de 1926. Mientras que la revista la compara con un Ford, Paul Poiret calificó a este nuevo estilo, esencial y libre de adornos, «lujo de pobres».

Antes de mí, nadie se habría atrevido a vestirse de negro… Un negro tan profundo que, una vez visto, permanece en la memoria para siempre

GABRIELLE CHANEL

las historias que la hacían viajar desde el diván donde leía acostada, la llevó a creer que un diseño no solo debía ser estéticamente agradable, sino también contar una historia. La *petite robe noire* contaba una historia: la de las mujeres emancipadas y la liberación de sus cuerpos.

La *petite robe noire* era un diseño cómodo y versátil. Los interminables cambios de atuendo para cada ocasión eran cosa del pasado. Una mujer tenía que poder salir de su casa por la mañana con un vestido y acudir a una cita romántica por la noche con el mismo vestido. La clave estaba en la sencillez del diseño. «Cuanto más rico es el vestido, más pobre se vuelve», solía decir Chanel.

La filosofía de que «la forma sigue a la función», principio del diseño y la arquitectura funcionalista, resuena perfectamente en el estilo de Chanel. Esta idea teórica y estética, establecida por el arquitecto Louis Sullivan y adoptada por movimientos como el modernismo y la escuela Bauhaus, defendía que el diseño debía estar guiado por su propósito, priorizando la funcionalidad sobre la estética. Chanel, en sintonía con arquitectos de vanguardia como Le Corbusier y Mies van der Rohe con su lema «menos es más», integró esta nueva poética en sus creaciones. La *petite robe noire* es la encarnación de la simplicidad y la practicidad, eliminando lo innecesario para centrarse en la elegancia funcional y sin artificios.

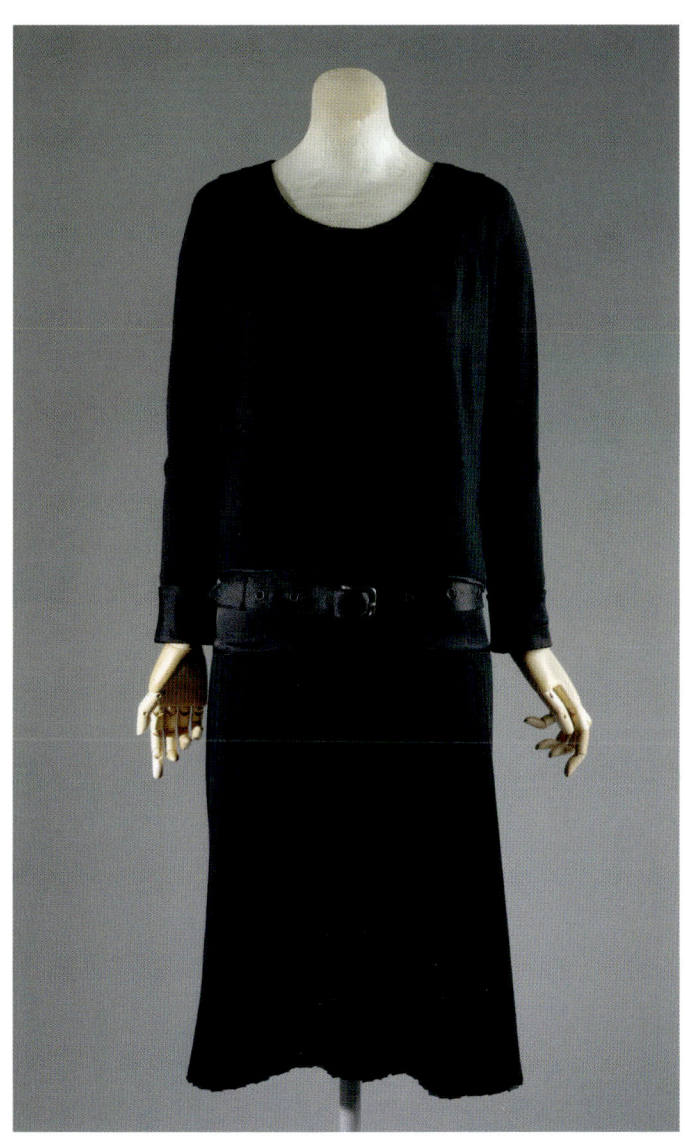

Petite robe noire
de Chanel en
punto de lana
y seda satinada,
de alrededor de
1926. Los
pliegues
de la falda y el
cinturón cosido
a mano hacen
de este conjunto
un ejemplo del
estilo distintivo
de Chanel.

El color negro también tenía una gran importancia en su filosofía del diseño. «Antes de mí, nadie se habría atrevido a vestirse de negro... Un negro tan profundo que, una vez visto, permanece en la memoria para siempre», afirmaría la creadora. Sus palabras pueden parecer un tanto exageradas, pues Gabrielle Chanel no fue la única en utilizar dicho color, pero sí la primera en popularizarlo tanto en ropa de diario como de noche.

En los años 20, muchas mujeres aún asociaban el negro con el luto, como en la era victoriana, por lo que evitaban incluirlo en sus vestuarios. En los pueblos y ciudades de provincias, las tradiciones aún dictaban que viudas y ancianas debían vestirse de negro. Chanel cambió la percepción pública de este color. Inspirada probablemente en los hábitos de las monjas de Aubazine, decidió convertirlo en el emblema de la elegancia, la sofisticación y, sobre todo, de la practicidad.

Así como la personalidad y el estilo de Chanel, según el fotógrafo Cecil Beaton, eran «una mezcla de lo masculino y lo femenino», el vestido negro de Chanel logró ser a la vez elitista y democrático. Desde luego, no era accesible para todos los bolsillos, pero lo innovador consistía en que con una sola prenda bastaba para ir bien vestida. Hechos con lana o crepé para el día, crepé de seda o satinado para la noche, los vestidos negros de Chanel eran cómodos y, a la vez, plagados de detalles: pliegues muy finos y paneles drapeados que caían desde los hombros o las caderas, haciendo que la prenda acompañara el movimiento del cuerpo. Aunque todo debía de ser sutil, extremadamente sutil, porque, como ella misma decía, «una mujer bien vestida es una mujer poco vestida».

LA INFLUENCIA INGLESA

Alrededor de 1925, en la misma época en que concebía su famosa *petite robe noire*, Gabrielle Chanel conoció en Montecarlo al duque de Westminster. Hugh Richard Arthur Grosvenor, conocido como Bendor, era uno de los hombres más ricos de Inglaterra. Poseía una impresionante finca en Cheshire, Eaton Hall, con 54 habitaciones y 11.000 acres de terreno. Las paredes de su mansión estaban adornadas con obras maestras de

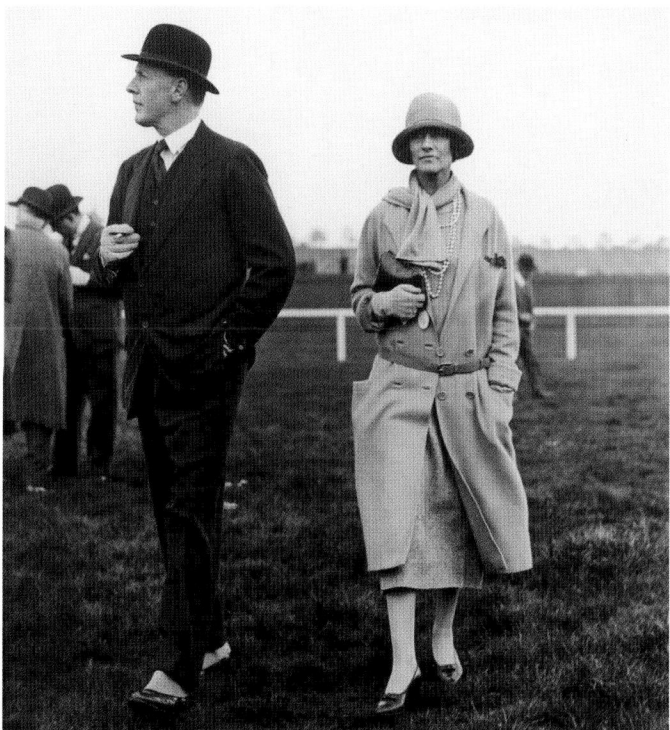

Gabrielle Chanel con su amante, el duque de Westminster, en las carreras de Chester, en 1924. En Inglaterra, tomó prestada la comodidad del vestuario masculino de ocio y un tejido: el *tweed*.

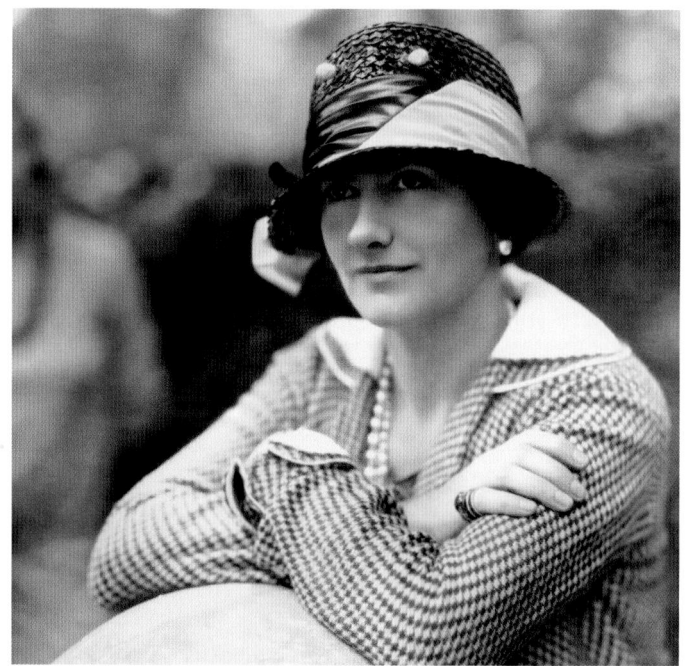

Goya, Rubens, Rafael, Rembrandt, Hals y Velázquez, y para sus desplazamientos, disponía de diecisiete Rolls-Royce y un tren privado que le permitían viajar cómodamente entre Eaton Hall y Londres.

Aún así, Bendor, con su inconmensurable fortuna, era la viva imagen del desapego. Podía enviarle a su amante, en los inicios de su relación amorosa, un salmón recién pescado en Escocia por avión, y luego ponerse su vieja chaqueta de *tweed* para salir a cazar. Poseía el sello inconfundible del verdadero rico: la seguridad sin ostentación que da la riqueza heredada, la deliciosa desenvoltura del que nunca ha conocido el conflicto entre el ser y el parecer, la elegancia sin búsqueda de la elegancia, la distinción sin propósito de distinción. «Nunca tenía nada nuevo; tenía que salir yo a comprarle zapatos», diría Chanel.

La diseñadora quedó prendada de Bendor. Las atenciones que él le prodigaba rozaban lo irreal en términos materiales, pero además compartían un gusto mutuo por los libros. El duque era miembro de la Société Baudelaire, fundada en 1872 en la Rue Jacob de Saint-Germain-des-Prés, con el objetivo de rehabilitar la figura de Baudelaire después de su juicio por ofensas a la moral pública y que, con el tiempo, se había convertido en un centro de debate para artistas y librepensadores, todos ellos reunidos en torno a la figura del célebre poeta.

Cuando no estaban enfrascados en debates intelectuales o en fiestas con los miembros de la realeza que acudían a Eaton Hall, Gabrielle y Bendor salían a cazar, pescar o dar largos paseos al aire libre. En estas ocasiones, ella a menudo vestía chaquetas y chalecos de su amante, prendas cálidas y cómodas confeccionadas en *tweed*. Pronto, Chanel descubrió las bondades de este tejido: flexible y esponjoso, pero también robusto y, lo más importante para ella, extremadamente cómodo.

El nombre de este tejido venía de la palabra escocesa *tweel* (*twill* en inglés) que se traduce al español como «sarga» y que se caracteriza por su patrón diagonal, que lo hace especialmente resistente. El *tweed* se llevaba fabricando en Escocia desde principios del siglo XVIII, y por aquel entonces el núcleo de la producción estaba en las fábricas textiles de Hawick y la vecina Galashiels. Duradero, cálido e impermeable, este grueso material de lana era el favorito de los granjeros, pero tam-

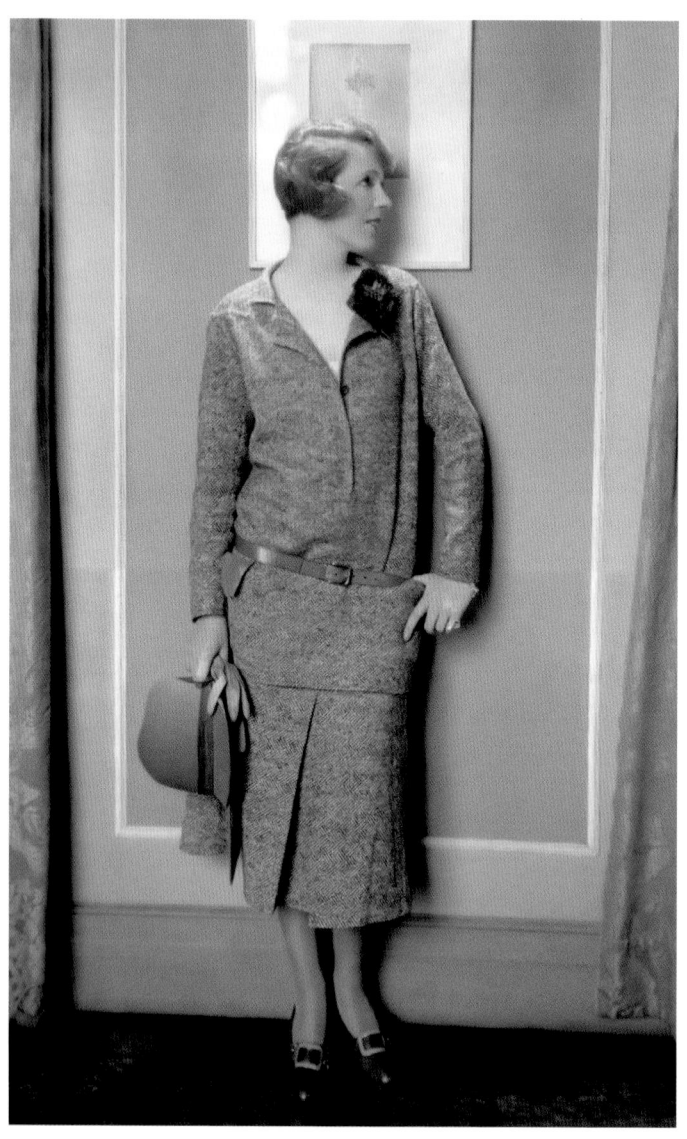

La actriz norteamericana Ina Claire en una imagen de Edward Steichen de 1924. Para la obra *Grounds of Divorce* escogió tres conjuntos de Chanel, entre ellos, esta falda de *tweed* de espiga con cinturón bajo y prácticos bolsillos que aportan comodidad al conjunto.

El *tweed* se convirtió en un distintivo de la marca Chanel que se sigue reinventando cada temporada, como puede apreciarse en los modelos que desfilaron en la pasarela Otoño-Invierno 2023-2024.

CHANEL

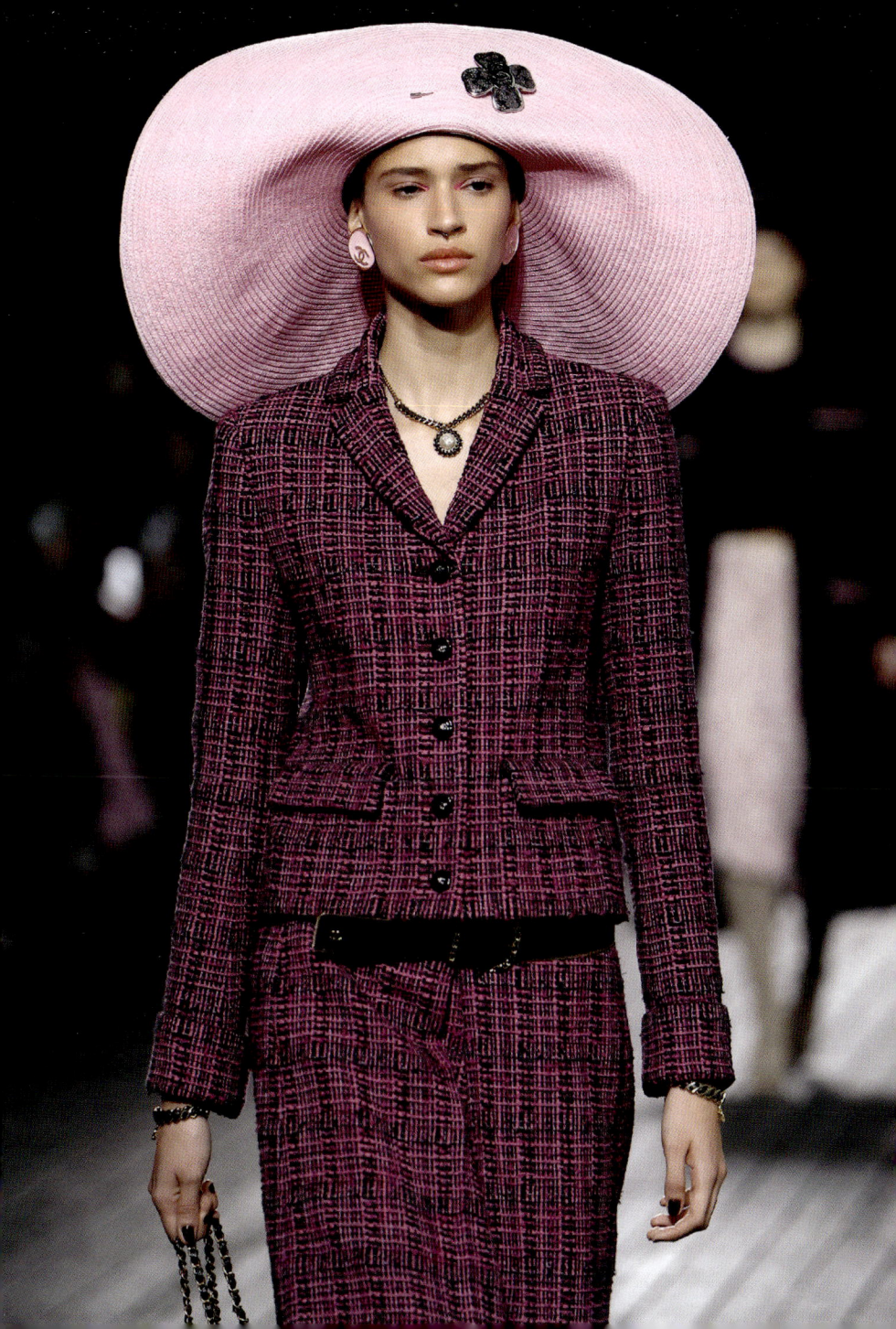

No hay nada más parecido a una joya falsa
que una joya de verdad

COCO CHANEL

bién de la aristocracia inglesa en sus actividades al aire libre. Chanel decidió hacerse con el tejido y adecuarlo un poco para conseguir un resultado más ligero. De hecho, y según cuentan, le gustaba alardear de que ella había sido quien enseñó a los escoceses a hacer *tweeds* más ligeros y elegantes. Anécdotas aparte, la funcionalidad del tejido era indiscutible.

Cuando estaba en Inglaterra, Gabrielle Chanel frecuentaba los círculos y lugares de esparcimiento de la aristocracia: el canódromo de Liverpool, las cacerías de jabalíes en los terrenos de Eaton Hall y las partidas de cricket en Lord's. El cricket, con sus reglas intrincadas, es un juego que exige paciencia y control mental. Los ingleses lo habían exportado a sus colonias esperando fomentar, a partir del deporte, los valores de la cultura británica. Era, sin duda, un deporte de caballeros, que encarnaba valores a la inglesa, con una mezcla de elegancia, firmeza y frialdad calculadora.

Chanel se entusiasmó con los cárdigan y suéteres de cuello en V que lucían los jugadores en el campo de cricket. De 1926 a 1929, durante su romance con el duque de Westminster, sus colecciones se llenaron de reminiscencias inglesas y la diseñadora se las ingenió para combinar la elegancia parisina con la funcionalidad británica.

Pero, desde luego, no todo eran carreras, caza de montería, deporte y pesca de salmones. En Eaton Hall, durante los famosos fines de semana en los que se daban cita el príncipe de Gales, miembros de la aristocracia británica y de la alta sociedad como

Gabrielle Chanel posando en su *suite* del Hotel Pierre durante su primera visita a la ciudad de Nueva York el 10 de marzo de 1931. Lleva un conjunto de noche de chaqueta y pantalón de seda blanca con perlas, inspirado en modelos que lucían los ingleses en las colonias.

CHANEL

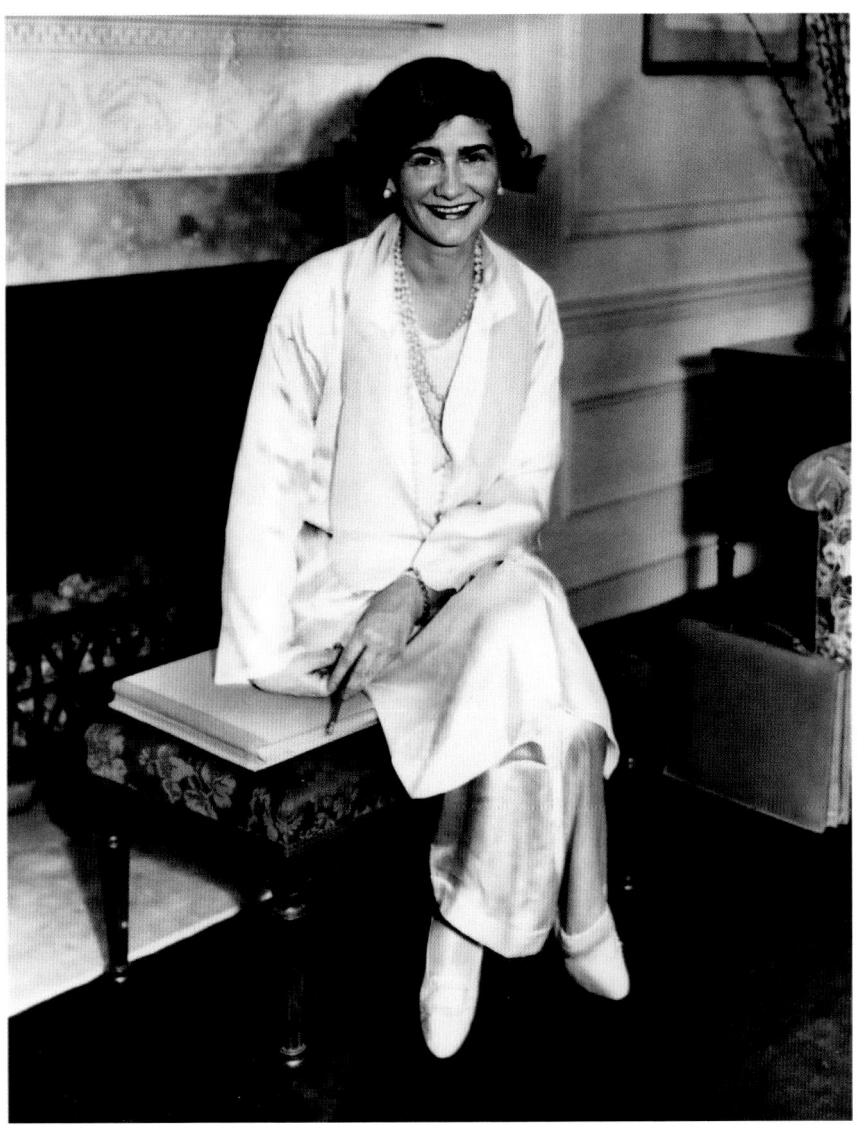

Vera Bate, quien se haría muy amiga de Chanel, el salón de baile siempre estaba reluciente y un batallón de criados, liderado por un mayordomo de aires principescos, recorría silenciosamente los pasillos y salones, dispuesto a satisfacer al instante las demandas de los prestigiosos invitados. Durante esas veladas, las mujeres se vestían de noche y lucían sus joyas, aunque Chanel, fiel a su estilo, lo haría a su manera.

LO QUE IMPORTA NO ES EL QUILATE, SINO LA ILUSIÓN

El duque Dmitri Pávlovich le había regalado a Chanel joyas muy valiosas, entre ellas unas perlas que habían sido de los Románov y que había sacado en secreto de Rusia. Naturalmente, Bendor no iba a quedarse atrás y le obsequió zafiros, rubíes y un impresionante collar formado por treinta esmeraldas cuadradas con diamantes engastados que ella, años después, hizo desmontar, y cuyas piezas regaló posteriormente a su sobrina nieta Gabrielle Palasse-Labrunie y a otras personas de su círculo íntimo.

Chanel amaba las joyas, y no precisamente las discretas. Detestaba, por ejemplo, las amatistas, por su brillo apagado, y amaba las perlas porque capturaban la luz y daban un brillo especial a la piel y a los ojos. Sin embargo, tenía sus propias ideas acerca de cómo usarlas y del valor relativo que tenían. «No hay nada más parecido a una joya falsa que una joya de verdad», solía decir. La frase es contundente, casi un aforismo, y su significado es profundo. Para Chanel, las joyas poseían un valor cromático, ornamental y hasta místico, pero no el valor que se mide por su precio. La ostentación le causaba rechazo.

Decidida a reinventar el uso e incluso el valor de las joyas, Chanel hizo dos cosas. La primera fue atreverse a combinar perlas auténticas con otras de fantasía, desdibujando así la frontera entre lo real y la imitación, entre joya y bisutería. La segunda fue romper con la idea de que las joyas debían guardarse para ocasiones importantes. ¿Por qué no usar un collar de perlas con un vestido de playa o en una partida de caza? Así, combinaba las esmeraldas del duque de Westminster con *tweeds* y suéteres de lana, en un despreocupado y calculado desdén por la tradición.

En 1927, Chanel conoció a Fulco Santostefano della Cerda, duque de Verdura. Hijo de una familia noble siciliana que descendía de Alfonso X el Sabio, Fulco di Verdura se había visto rodeado desde pequeño de un impresionante entorno artístico, un privilegio que cultivó en él un gusto exquisito y una imaginación desbordante. Entre Chanel y Fulco di Verdura nació una admiración y un entendimiento inmediato. El duque amaba el arte bizantino, que Chanel había descubierto en Venecia de la mano de su amigo José María Sert mientras se recuperaba de la muerte de Boy. Juntos, hicieron una visita a la iglesia de San Vital de Rávena, y allí, frente al mosaico de la emperatriz Teodora, Verdura encontró la inspiración para uno de los diseños de Chanel, que se transformaría en otro de los iconos de la marca.

Verdura era un hombre extravagante, famoso por su indiferencia hacia los asuntos pecuniarios. Se dice que había gastado una gran parte de su herencia familiar en una sola noche, durante un baile organizado en Palermo. Esta actitud excéntrica encantaba a Chanel y lo convertía en el candidato ideal para sus colaboraciones creativas, principalmente porque, al igual que ella, no se preocupaba demasiado por seguir las reglas. De su irreverencia conjunta, surgió la idea de engastar una cruz de Malta hecha de piedras preciosas y semipreciosas sobre una base de metal esmaltada en blanco. La pieza se convirtió en un brazalete que ignoraba los criterios clásicos del gusto sofisticado, muy barroco y vistoso, que buscaba el efecto, la belleza, el impacto visual, antes que la pureza de las piedras o su exclusividad.

Una vez más, el ojo de Chanel se alineaba con los tiempos. A finales de la década, tras el crac del 29 y con el ascenso del fascismo en Europa, la frivolidad de los felices años 20 terminaron de golpe. Aquellos que habían disfrutado de la fiesta interminable descubrieron dolorosamente el reverso de la moneda: que el mundo era algo más que excesos y champán.

Este revés tuvo su reflejo en la moda. La paleta de colores se ensombreció, y el gris, el negro, el blanco y los tonos tierra se convirtieron en la base de cualquier creación. Chanel, que había hecho de la *petite robe noire* un uniforme de día y de noche, popularizado la ropa *sport*, llevado el *tweed* del campo al mundo urbano, y elevado la bisutería a una forma de estilo y elegancia, creando el «chic pobre», supo encajar más que nunca en su época. Sin embargo, lo peor aún estaba por venir, pero incluso entonces, ella encontraría la manera de sobrevivir.

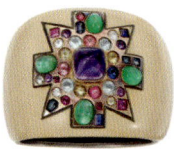

El famoso brazalete con cruz bizantina que Chanel diseñó junto a Fulco di Verdura, una exquisita combinación de lujo y artesanía.

A la derecha, Coco Chanel fotografiada por Man Ray en 1935, con su *petite robe noire*, collares de perlas y los brazaletes de inspiración bizantina.

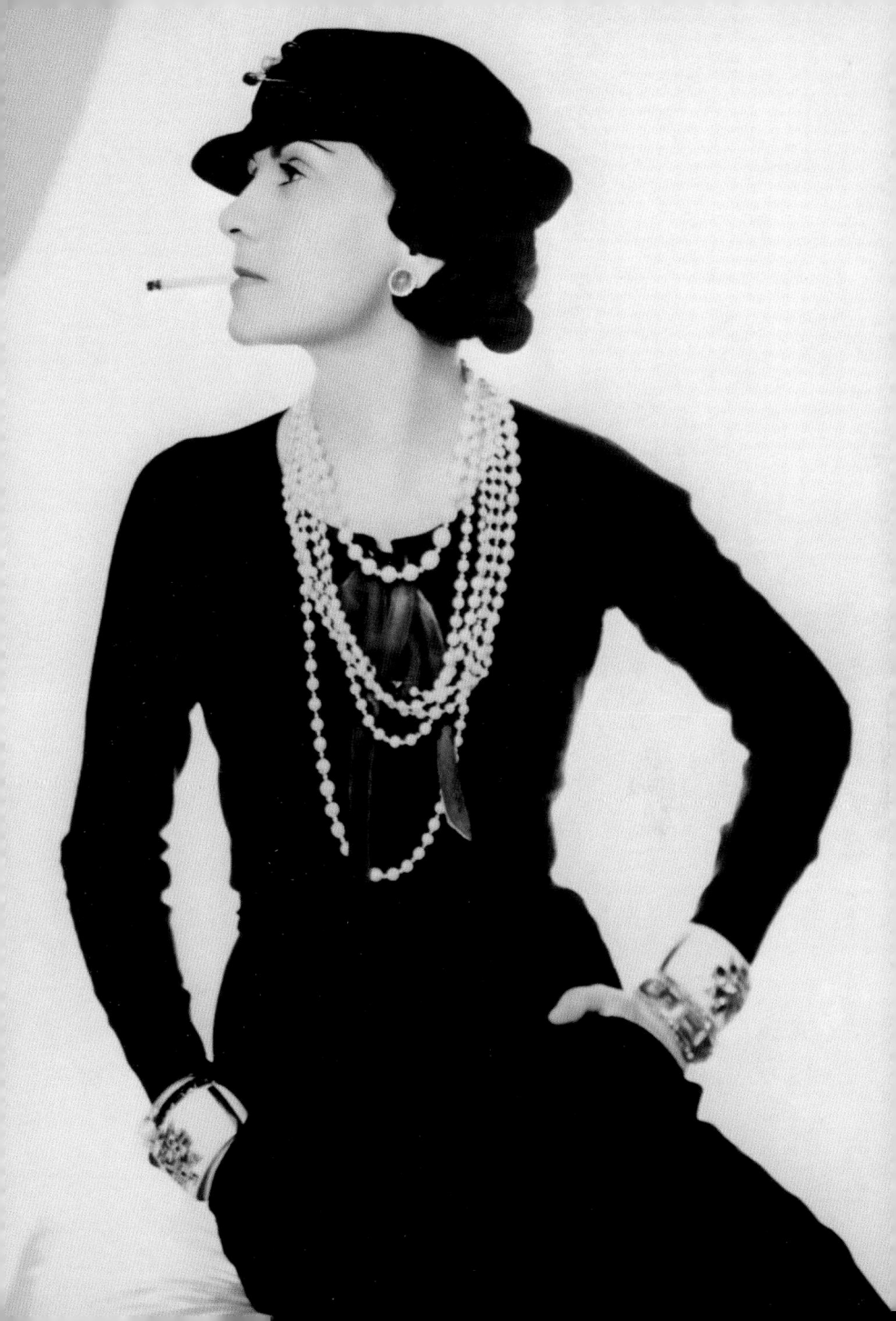

LA MAGIA DEL Nº 5

A principios de los años 30, la amenaza del fascismo, exacerbada por la crisis económica del crac del 29, comenzó a oscurecer el cielo europeo. Los valores antes indiscutibles, como el liberalismo y la democracia, empezaron a resquebrajarse con Mussolini en Italia y el ascenso de Hitler en Alemania. Francia también se vio sacudida por la crisis financiera del 29, aunque más tarde que otros países, tanto que, a inicios de la década de 1930, el por aquel entonces primer ministro André Tardieu afirmaba con convicción que el país era «un islote de prosperidad».

A pesar de ello, la presentación en 1932 de una colección de diamantes diseñada por Chanel sorprendió a muchos. Lo cierto es que respondía a un encargo de la Diamond Corporation

Limited de Londres que, buscando revitalizar el mercado de los diamantes y atraer a una clientela adinerada que subsistía a la crisis, decidió acudir a quien era sin duda la diseñadora del momento para que creara unas joyas para una exposición. El resultado fueron setenta y siete piezas de una factura exquisita que Chanel presentó en su vivienda privada, situada en el número 29 de la Rue du Faubourg Saint-Honoré, bajo el nombre Bijoux de Diamants.

Chanel decidió articular la colección alrededor de tres motivos: el lazo, la estrella y la pluma, con diseños elegantes de líneas puras que evocaban el estilo *art déco*. Al igual que su ropa, las piezas eran flexibles y versátiles. Por ejemplo, un broche de estrella podía llevarse tanto en el pelo como en la solapa, mientras que una tiara servía también como collar. Entre las joyas, expuestas sobre bustos de cera, destacaba un fabuloso collar sin cierres, de diseño abierto, con seiscientos diamantes engastados en platino y oro. De una belleza deslumbrante y a la vez innovadora, esta pieza en forma de cometa no ceñía la garganta, sino que la dejaba libre, envolviéndola suavemente. Reflejaba, en cierto modo, la creencia de Chanel de que una mujer no debe estar restringida por nada, ni siquiera por una joya de incalculable valor. «¡Desprecio los cierres! Ya no los uso. Pero mis joyas pueden transformarse», diría la diseñadora.

La exposición fue un éxito rotundo, aunque no estuvo exenta de polémica. Algunos joyeros y críticos de la época se sintieron ofendidos y descontentos por la incursión de una diseñadora de moda en el campo de la alta joyería. Sin embargo, nadie podía negar la audacia de Chanel al trasladar su ideario de estilo, basado en la practicidad y la sencillez, a piezas de diamantes valoradas en millones de francos.

Cometas, soles y planetas; en 1932, Joyas y Diamantes, la única colección de alta joyería diseñada por Gabrielle Chanel, reflejaba su fascinación por la astrología. Chanel aplicó su filosofía de la moda al diseño de joyas, creando piezas que se adaptaban y podían transformarse según gustos o necesidades y, lo que es más importante, cómodas de llevar.

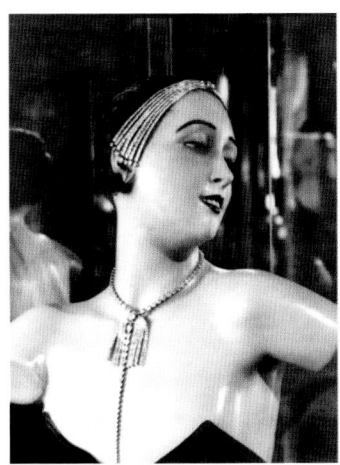
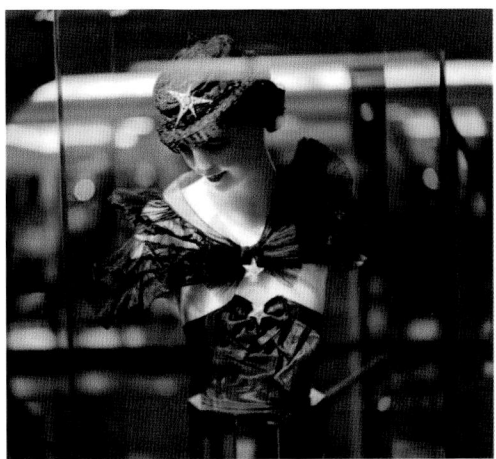

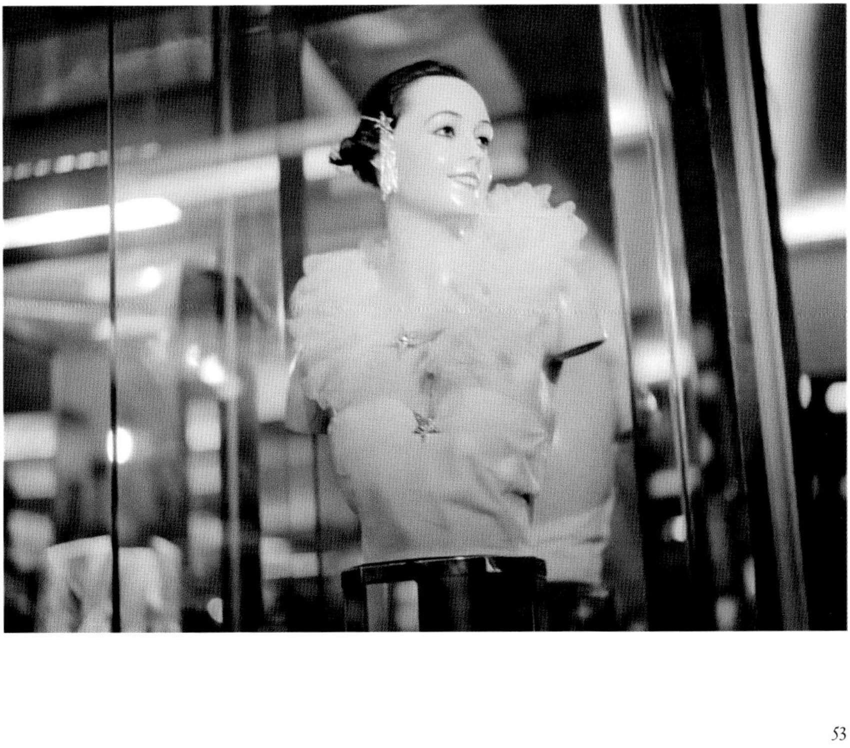

DIVA ENTRE DIVAS

abrielle Chanel tuvo una relación significativa con el cine. A principios de los años 30, el magnate Samuel Goldwyn la contrató para vestir a estrellas del estudio United Artists, como Greta Garbo, Marlene Dietrich y Gloria Swanson. Sin embargo, ella no se sintió cómoda con las restricciones y la presión de la industria hollywoodense y regresó a París. En Francia, colaboró con directores como Jean Renoir y Louis Malle y fue adorada por las divas de la Nouvelle Vague. En 1961, diseñó los vestuarios de la película de culto *El año pasado en Marienbad*, de Alain Resnais. En la cinta, la actriz Delphine Seyrig luce un peinado a lo *garçonne* junto con vestidos de alta costura minimalistas, combinados con aplicaciones de plumas, collares de perlas y joyas barrocas. Estos diseños contribuyeron a la atmósfera onírica del film.

Chanel diseñó el vestuario de Gloria Swanson en la película *Esta noche o nunca* (1931), dirigida por Mervyn LeRoy.

Arriba, Jeanne Moreau en *Los amantes (1958)* de Louis Malle. Abajo, Delphine Seyrig en *L'Année dernière à Marienbad* (1961).

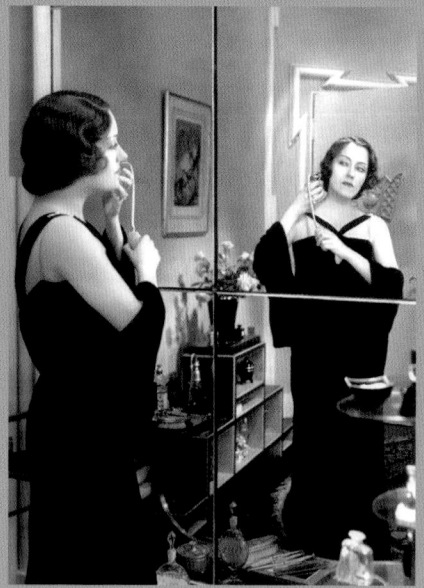

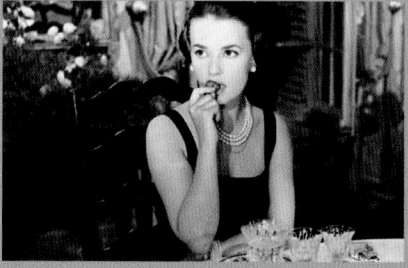

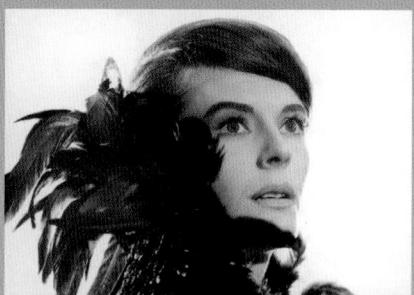

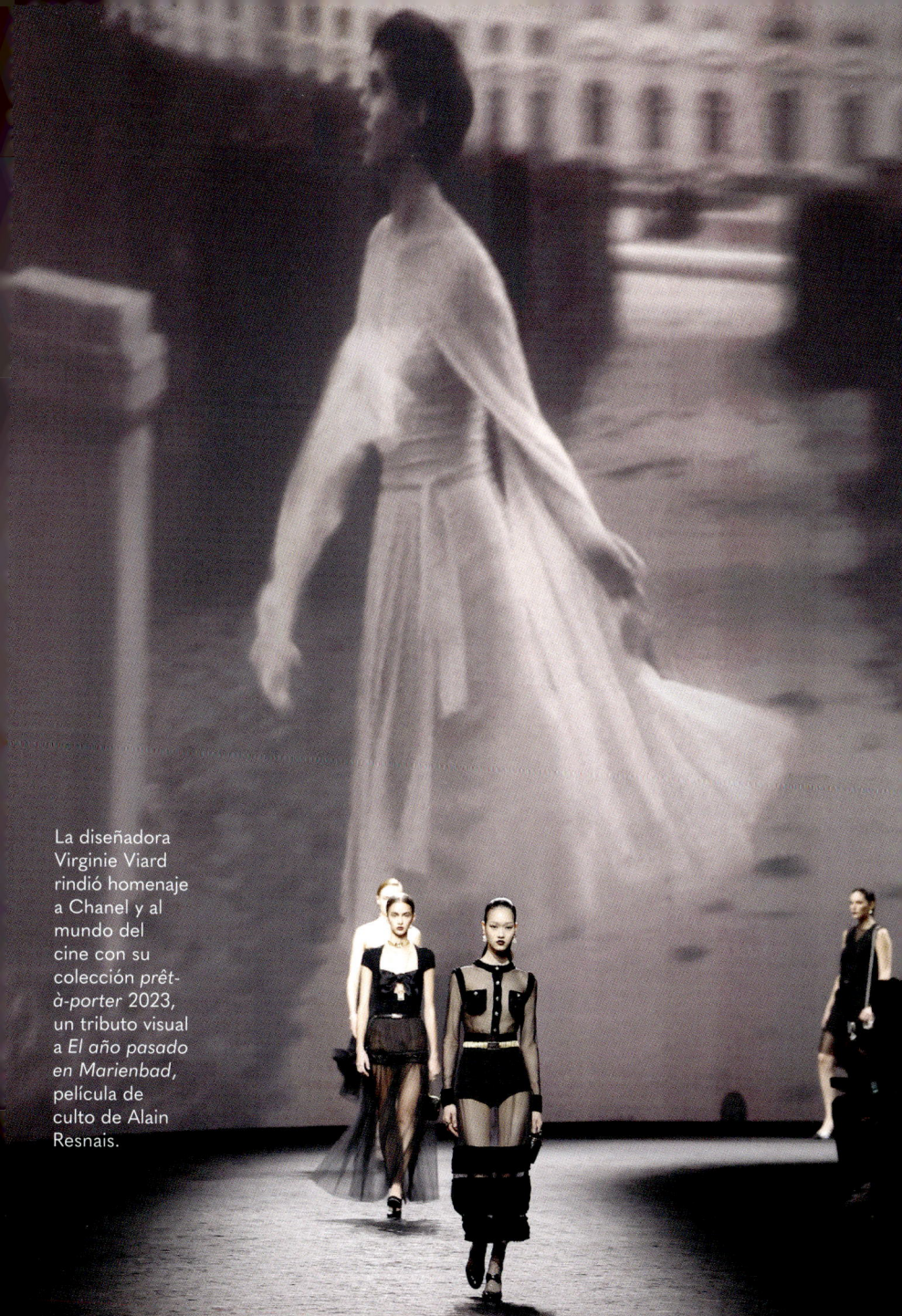

La diseñadora Virginie Viard rindió homenaje a Chanel y al mundo del cine con su colección *prêt-à-porter* 2023, un tributo visual a *El año pasado en Marienbad*, película de culto de Alain Resnais.

Cabe destacar que Chanel no trabajó sola. Para la creación y diseño de Bijoux de Diamants contó con la colaboración del ilustrador y diseñador de decorados de origen vasco Paul Iribe, a quien había conocido un año antes y con quien mantenía una tormentosa relación. Iribe era un hombre de indudable talento. Por la época en que sus caminos se cruzaron, había trabajado como creador de vestuarios y decorados para el director Cecil B. DeMille y como ilustrador para Paul Poiret y Jeanne Lanvin. Tenía también un temperamento difícil y era propenso a los estallidos de mal genio. «Es el hombre más complicado que he conocido en mi vida», confesaría la diseñadora años después. Su círculo íntimo sería menos benigno en su evaluación; la escritora Colette lo describía como «un demonio con voz melosa». Aún así, según algunos biógrafos, Gabrielle Chanel llegó a pensar en casarse con él. Si así fue, su sueño se derrumbaría pronto, pues Iribe murió de un ataque al corazón

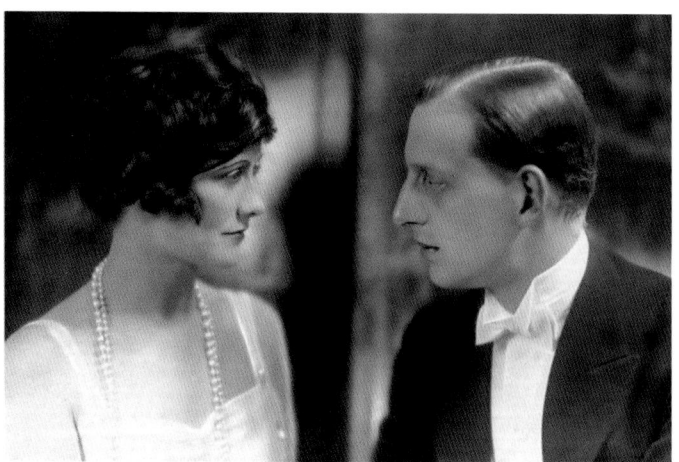

La diseñadora con el gran duque Dmitri Pávlovich, quien le presentó al químico Ernest Beaux. De este encuentro nació el Chanel Nº 5.

en 1935, en medio de un partido de tenis en La Pausa, la casa de retiro que Chanel tenía en Roquebrune-Cap-Martin, en la Costa Azul francesa.

La pérdida de Iribe coincidió con un momento particularmente delicado y difícil para su negocio; un periodo que comenzó con las huelgas de 1936, desencadenadas por la victoria del Frente Popular y que sumieron al país en un torbellino de demandas laborales, y culminó con el estallido de la Segunda Guerra Mundial tres años después, momento en que Chanel tomó la difícil decisión de cerrar su negocio de alta costura. «No es momento de hacer trajes ni de vestir a las mujeres cuyos maridos se enfrentan a la muerte», proclamó. Refugiada en la suite del Ritz, donde había decidido instalarse en 1937 para sentirse más segura y acompañada, mantuvo abierta solo una tienda donde siguió vendiendo accesorios y uno de los productos más deseados de su marca, un envase de vidrio con los bordes biselados que encerraba la fórmula del deseo, el hechizo perfecto: el codiciado Chanel Nº 5.

EL AROMA DE TODO UN SIGLO

La historia del perfume más famoso del mundo se remonta a fines del verano de 1920, cuando la diseñadora, a través de su entonces amante, el duque Dmitri Pávlovich, conoció al perfumista Ernest Beaux. Chanel llevaba tiempo considerando la creación de un perfume que reflejara su esencia: una síntesis perfecta de su estilo, que se apartara de las fragancias florales tradicionales dominadas por la rosa o el lirio, y de la opulencia de los aromas orientales saturados de mirra o almizcles, y ofre-

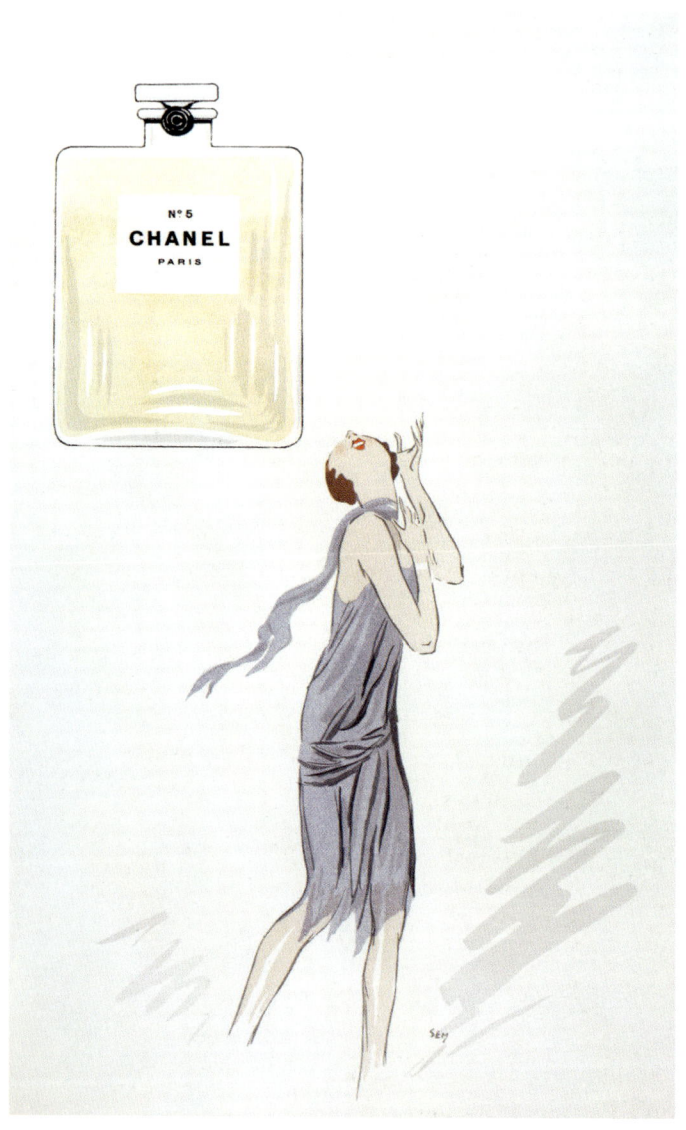

Anuncio del
perfume Chanel
Nº 5 realizado
en 1921 por Sem,
alias Georges
Goursat,
conocido
ilustrador y
caricaturista de
la *belle époque*
y ferviente
admirador de
la diseñadora.

Soy una artesana de la costura. No quiero rosas ni lirio de los valles; quiero un perfume que sea un compuesto

COCO CHANEL

ciera algo completamente novedoso y distintivo. Un perfume que oliera a limpio y fuera sensual, simple y a la vez osado. Tal vez un perfume que, por su cualidad abstracta, se asemejara a su flor preferida, la camelia, que aunque carecía de olor, encarnaba la belleza pura y natural.

Según cuentan sus biógrafos, Chanel poseía un agudo sentido del olfato, una cualidad esencial para cualquier buen perfumista, aunque no la única ni la más importante. Edmond Roudnitska, perfumista y maestro de perfumeros reconocido por su trabajo con casas de moda como Dior, Rochas y Hermès, solía decir que en su oficio era crucial no dejarse constreñir por ideas preconcebidas. El perfumista debía acercarse a los aromas con desinhibición, sin estar limitado por un enfoque excesivamente centrado en la química. Chanel poseía esa desinhibición en abundancia y tenía el don de observar el mundo sin el sesgo de las opiniones dominantes. Sabía que un perfume no era una simple reunión aleatoria de materias primas con buen aroma, sino el resultado de una precisa formulación. Y ella estaba decidida a hallar la fórmula perfecta.

En Ernest Beaux, Chanel encontró al socio ideal para esta empresa. Aunque era de una familia de origen francés, Beaux pertenecía al grupo de refugiados de la élite rusa que se vio obligado a emigrar tras la revolución de 1917. Nacido y criado en Rusia, Beaux había sido el director de Rallet & Co, la empresa que suministraba perfumes a los zares. Era un hombre exquisi-

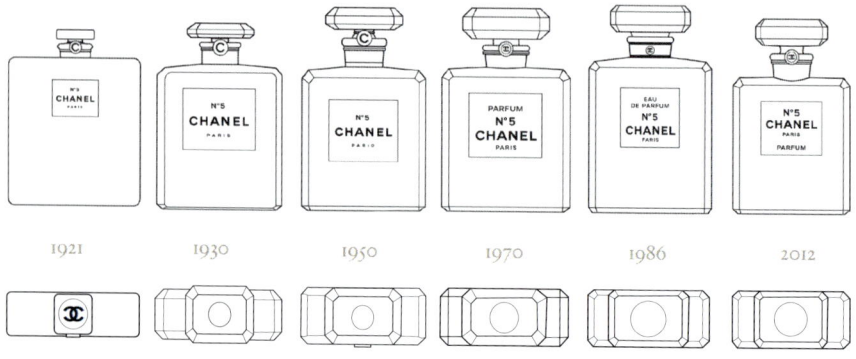

1921   1930   1950   1970   1986   2012

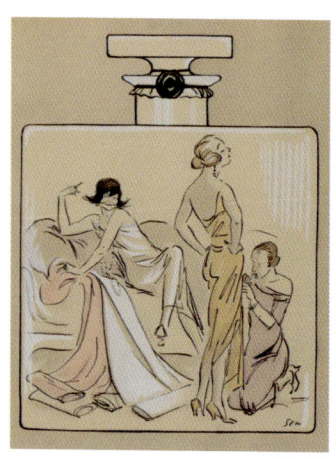

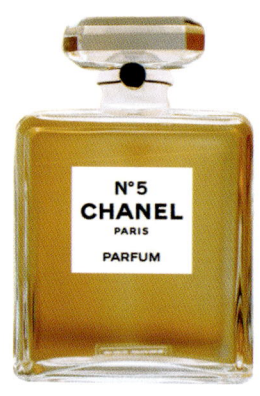

A la izquierda, ilustración de la fragancia de 1921 alusiva a la profesión de su creadora. A su lado, el icónico frasco, y arriba, la evolución del envase. Chanel fue modificando el tapón, pues no le parecía proporcionado.

to, acostumbrado al lujo excesivo de la corte rusa. Unos años antes, en 1913, cuando los Románov estaban en su apogeo, Beaux había recibido el encargo de crear un perfume para conmemorar el tercer centenario de la dinastía. El resultado fue bautizado como Le Bouquet de Catherine, que más tarde pasó a llamarse Rallet Nº 1. Cuando los bolcheviques tomaron el poder, Beaux huyó de Rusia y se estableció en Cannes.

CHANEL

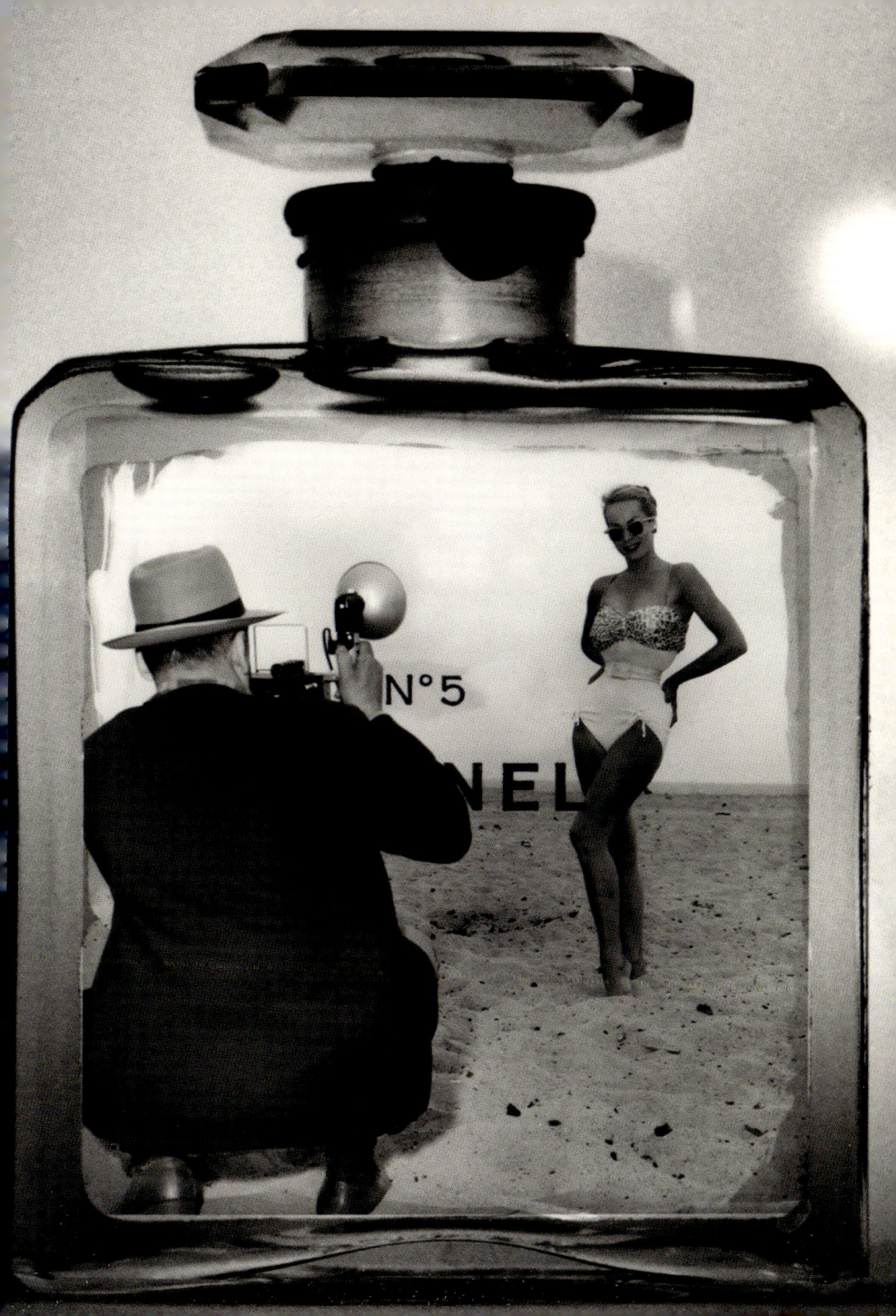

Según el historiador alemán Karl Schlögel en *El aroma de los imperios*, cuando Chanel visitó el laboratorio de Beaux en Cannes, el perfumista ya había realizado varios ensayos para adaptar la fórmula de su *bouquet* al gusto francés. Tenía diez muestras, guardadas en pequeños frascos de cristal etiquetados del uno al cinco y del veinte al veinticuatro. La separación entre los números indicaba que se trataba de dos series diferentes, aunque compartían una base común, cuyas notas olfativas centrales eran la rosa y el jazmín de Grasse, el iris, el lirio del valle y una innovadora adición de aldehídos. Estos novedosos compuestos sintéticos que estaban comenzando a redefinir la perfumería introducían una frescura y una luminosidad excepcionales.

La diseñadora eligió la muestra número 5. Era perfecta. Se alejaba de las típicas composiciones florales de la época. En su lugar, ofrecía una combinación que trascendía la naturaleza y sus aromas, creando un perfume moderno, disruptor y artificial, en el sentido en que un vestido es artificial. «Soy una artesana de la costura. No quiero rosas ni lirio de los valles; quiero un perfume que sea un compuesto», afirmó. Al mismo tiempo, los aldehídos producían una sensación intensa de limpieza, con un aroma a jabón que tal vez evocaba sus años en Aubazine.

Sin embargo, aún faltaba un último toque para hacer de la fragancia algo realmente único. Chanel estaba convencida de que su perfume iba a ser un éxito y no iba a permitir que otros copiaran la fórmula. La solución, pensó, era hacerla extremadamente costosa. Convenció a Beaux para que aumentara la proporción de aldehídos hasta el 1%, una cantidad inusitada en ese momento. Unos años más tarde, Lanvin emplearía una proporción similar para su igualmente mítico Arpège.

Página anterior
El fotógrafo estadounidense Weegee en 1959 capturando a una modelo dentro de un frasco del perfume Chanel Nº 5 para un anuncio.

Una vez fijada la fórmula, Chanel decidió presentarla en un frasco de estilo *art déco*, de líneas sobrias, ascéticas y ligeramente masculinas, cuyo diseño se apartaba de la tendencia de la época, caracterizada por frascos estilo joya, recargados y con adornos florales. El vidrio, de una pureza y transparencia absolutas, dejaba todo el protagonismo al color dorado del perfume, con una única y escueta etiqueta en letras negras que dictaba: Chanel N° 5. Incluso la elección del nombre reflejaba su sintonía con la simplicidad más radical, pero también su yo más íntimo, como en todo lo que hacía: el cinco correspondía a la quinta muestra que le había ofrecido Beaux y era su número de la suerte. Superstición personal y la búsqueda de lo perfecto se unieron en esta decisión, haciendo del Chanel N° 5 no solo un perfume, sino uno de los hitos más importantes en la historia de la moda y el lujo.

LOS AÑOS TURBULENTOS

Al estallar la Segunda Guerra Mundial, Lucien Lelong, presidente de la Cámara Sindical de la Alta Costura desde 1937, en una muestra de orgullo y patriotismo a la francesa, instó a los modistos a continuar con la producción. Creía que el país debía proyectar una imagen de serenidad y que cuanto más elegantes lucieran las mujeres, más parecería que Francia no tenía miedo. Casas de moda como Lanvin y Balenciaga permanecieron abiertas, mientras que Chanel, consciente de que no habría mercado para la alta costura, decidió cerrar su *maison*. Sabía que los materiales escasearían y que podía vivir de las ventas de su perfume Chanel N° 5, que por aquel entonces se había convertido en un objeto de deseo y se comercializaba internacionalmente, gracias a las estrategias de venta de los hermanos Pierre y Paul Wertheimer, con quienes Chanel había firmado un contrato en 1924 para asegurar el éxito del perfume más allá de las fronteras francesas.

Durante la ocupación, el Ritz se convirtió en el cuartel general de la Luftwaffe, la fuerza aérea alemana. En ese entorno, Chanel convivió con su amante, el oficial Hans Günther von Dincklage. Al finalizar el conflicto, muchas mujeres que habían tenido relaciones con alemanes fueron acusadas de *collaboration horizontale* y sometidas a humillaciones públicas. Chanel logró escapar por poco a las represalias; mientras era interrogada por las Fuerzas Francesas del Interior, una llamada de Churchill puso fin al asunto.

Tras esto, la diseñadora decidió refugiarse en Suiza durante un tiempo y luego empezó a pasar temporadas en La Pausa, Londres y Nueva York. Durante catorce años, la *maison* Chanel permaneció cerrada, y de los varios locales de la Rue Cambon, solo el número 31 continuó abierto, dedicado a la venta del Chanel N° 5. Aunque exiliada y abandonada en su país, Chanel siguió siendo un emblema de sofisticación y una promesa de lujo al otro lado del Atlántico. Al finalizar la guerra, los soldados americanos formaban largas colas delante de su tienda para comprar el famoso perfume y llevar a sus esposas y novias un pedazo de ese mundo de glamur y sofisticación anterior a la guerra, un mundo que mágicamente había logrado perdurar dentro de un frasco de vidrio inmaculado.

Marilyn Monroe fotografiada por Ed Feingersh en 1955. La revelación en una entrevista de que usaba «solo unas gotas de Chanel N° 5» para dormir ayudó a catapultar la fama del perfume a escala mundial.

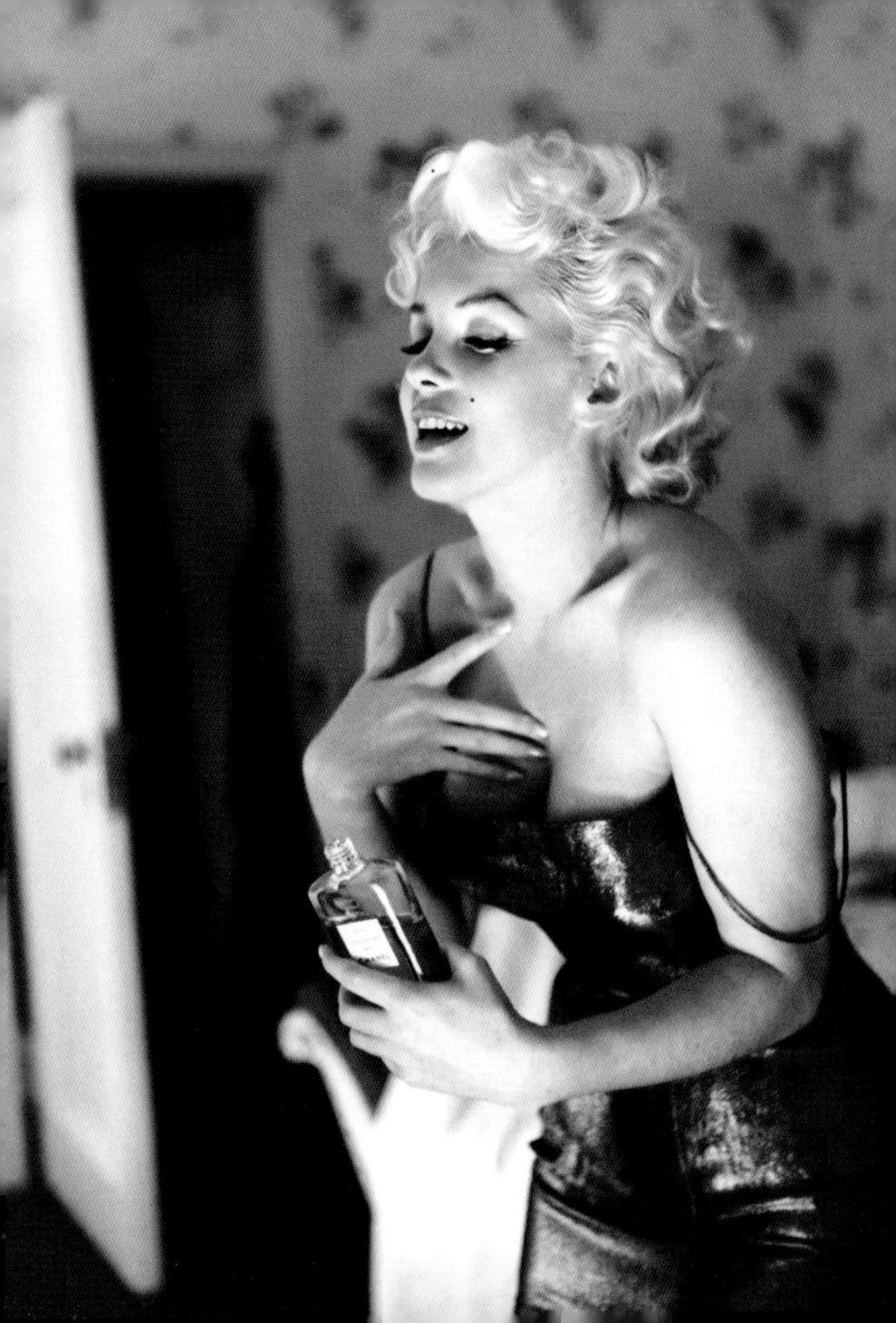

EL TRAJE ATEMPORAL

El tiempo pasaba muy lento a orillas del lago Lemán, en Suiza, el lugar donde Chanel había decidido instalarse al abandonar Francia después de la Liberación. Alojada en los mejores hoteles, la diseñadora disfrutaba de una vida apacible en un entorno privilegiado, rodeada de viñedos y lujosos balnearios. No era de extrañar que este rincón idílico hubiera sido históricamente el refugio de tantas celebridades. Un siglo antes, el poeta Lord Byron, tras su escandaloso divorcio, había recalado en la zona y se había enamorado del lugar. Durante la estancia de Chanel, Charles Chaplin se construyó una casa en la zona. Más tarde, Audrey Hepburn también encontraría en las orillas del lago su lugar de descanso. Chanel, por el contrario,

Me he dedicado a la moda por casualidad. Ahora me voy a dedicar a otra cosa. ¿A qué? No lo sé. Esta vez también lo elegiré al azar

COCO CHANEL

probó allí el amargo sabor de la melancolía, el aburrimiento y la soledad.

En el invierno de 1946, Gabrielle Chanel se reencontró en Saint Moritz con su viejo amigo, el diplomático y escritor Paul Morand. Juntos habían compartido un círculo de amistades que incluía a Jean Cocteau, Erik Satie, Pablo Picasso, Ígor Stravinski y el matrimonio Sert. Con esa confianza forjada en el pasado, se dedicó a desgranar ante él sus recuerdos, que luego Morand, por la noche, registraba en un cuaderno. De estas conversaciones nació *El aire de Chanel*, un libro en el que la voz de la diseñadora alterna entre una seguridad aplastante y una profunda tristeza. En las últimas páginas, puede leerse: «Me he dedicado a la moda por casualidad. Ahora me voy a dedicar a otra cosa. ¿A qué? No lo sé. Esta vez también lo elegiré al azar».

Por lo visto, en esa época no tenía intención de regresar al mundo de la alta costura. No se sentía acabada, pero sí estaba decepcionada y cansada. Siete años después cambiaría radicalmente de opinión. El motivo, al parecer, fue un vestido de noche de Dior, hecho de satén verde, que vio puesto a una de sus amigas y que la horrorizó.

Así como los años posteriores a la Primera Guerra Mundial habían implicado una liberación del cuerpo femenino a través de la moda, buscando prendas funcionales, los años posteriores a la Segunda Guerra Mundial fueron todo lo contrario. Una serie de diseñadores como Dior, Balenciaga, Piguet y Fath,

A la izquierda, el traje de chaqueta de 1947 de Dior que encarna la silueta del New Look: con falda amplia, cuerpo ceñido y marcando cintura de avispa.
A la derecha, un traje de chaqueta Chanel en azul marino de 1954, que destaca por su funcionalidad y líneas rectas, cómodo y con una silueta de inspiración masculina, en contraste con la «mujer-flor» de Dior.

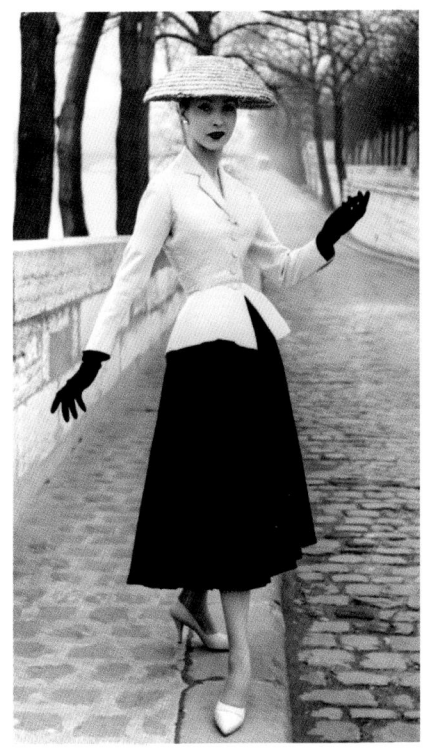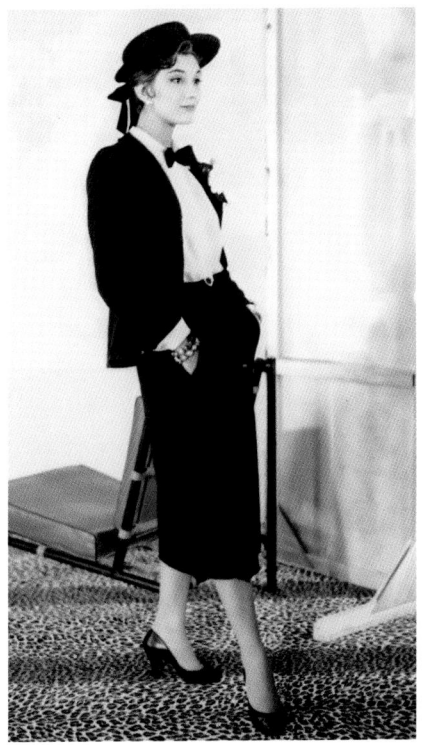

entre otros, coparon el mercado de la alta costura, que antes
había estado dominado por mujeres, y se propusieron recupe-
rar la feminidad tradicional y el glamur perdidos durante la
guerra. El resultado fue una nueva silueta que sublimaba
la feminidad, pero también la encorsetaba. El gran artífice de
este cambio fue Christian Dior, cuya primera colección, presentada el 12 de febrero de 1947, causó un gran revuelo.

Su estilo, al que Carmel Snow, redactora jefe de *Harper's Bazaar*, llamó «New Look», proponía un retorno al mundo ante-

rior a la catástrofe, como si la guerra y sus consecuencias devastadoras nunca hubiesen existido. Las mujeres podían dejar atrás la carestía y vestirse nuevamente como princesas, con talles ceñidos, amplios escotes y faldas voluminosas que requerían una cantidad ingente de tela. Chanel, que a través de su estilo había promovido un tipo de elegancia en que comodidad y simplicidad eran claves, consideró, lo que para ella era un retroceso, un desafío personal. Decidida a rebelarse contra lo que veía como un estilo retrógrado, comenzó a preparar su regreso. Tenía setenta y un años y sabía que nadie la creería capaz de trabajar a esa edad, pero ella estaba determinada a probar que el estilo Chanel seguía vivo.

La diseñadora en 1962 en una de las sesiones de trabajo sobre modelo que podían prolongarse durante horas hasta conseguir el resultado deseado.

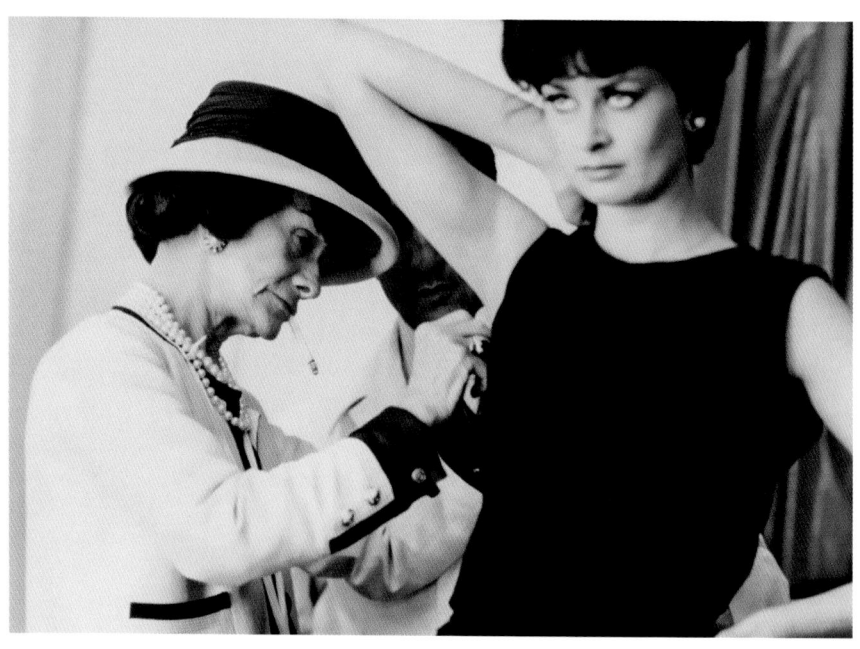

UN REGRESO POLÉMICO

La tarde del 5 de febrero de 1954, el primer piso del número 31 de la Rue Cambon estaba repleto de gente. Periodistas extranjeras llegadas de distintos puntos de Europa ocupaban la primera fila, junto a la prensa francesa. El ambiente era extraño y tenso. Más que una presentación de una colección de alta costura, parecía que iba a llevarse a cabo un juicio. La acusada, en este caso Gabrielle Chanel, se hallaba oculta en un lugar estratégico, que le permitía ver sin ser vista.

Después de quince años de silencio, la expectación estaba dividida entre quienes consideraban que Chanel estaba acabada y los que esperaban algo totalmente nuevo y sorprendente. La diseñadora, fiel a su estilo, regresó a las siluetas que la habían hecho famosa: la simplicidad, el concepto de libertad de fondo y forma, el *tweed*, los vestidos de punto, el blanco y el negro, el beige. Las modelos, a las que la diseñadora había enseñado a desfilar con el cuello erguido, los hombros hacia atrás, una mano en el bolsillo, si la prenda lo tenía, salían en silencio, sin música, sin la parafernalia de ese tipo de eventos, que Chanel definía sarcásticamente como la *poésie couturière*.

La diseñadora había invertido muchas horas de trabajo en aquella nueva colección, empleando a un buen número de trabajadoras, entre cortadoras, patronistas y costureras. Cuidó cada detalle al máximo, como siempre lo había hecho, corrigiendo cualquier pequeño defecto. Sin embargo, la prensa, especialmente la europea, fue implacable y calificó su colección de insulsa y decepcionante. El *Daily Mail* la tildó de «fiasco». En cambio, la prensa americana fue muy elogiosa, y las revistas *American Vogue* y *Life* dedicaron varias páginas a resaltar la elegancia y la visión innovadora de sus diseños.

Chanel no era inmune a las críticas y algunas, especialmente la del *Daily Mail*, la afectaron profundamente. Sin embargo, su carácter era poco dado a la autocompasión. Siempre se había dejado guiar por su intuición, su ojo y su instinto, y sabía que las mujeres, tarde o temprano, se cansarían de los corsés, los *balconette*, las faldas aparatosas y las enaguas. Ella estaba allí para ofrecerles justo lo que necesitaban: la libertad y comodidad de un buen traje de chaqueta.

LA REVOLUCIÓN DEL *TAILLEUR*

Pese al aluvión de críticas y la incomprensión de la prensa europea, la colección fue un éxito en términos de ventas. Al público estadounidense le encantó lo que vio, y el atelier Chanel empezó a recibir numerosos pedidos. La fundadora de la marca había regresado con sus básicos, pero esta vez incorporó un nuevo diseño: algo con lo que llevaba experimentando desde hacía tiempo, al integrar patrones masculinos en la moda femenina, pero que ahora adoptaba como un código, un lenguaje propio de la marca, una fórmula perfecta y acabada: el traje chaqueta o *tailleur*.

Chanel no inventa el *tailleur*; Dior también lo incorpora en sus colecciones. Sin embargo, hay una diferencia sustancial entre el traje de chaqueta de Chanel y el del New Look de Dior, que radica en su concepción de la feminidad. Mientras que la silueta del New Look apela a un ideal de belleza tradicional de cinturas ceñidas y faldas amplias, el *tailleur* de Chanel encarna

La modelo Gisèle Rosenthal lleva un traje Chanel de la colección Primavera-Verano 1959 hecho en lana príncipe de Gales. La chaqueta tiene bolsillos y cae recta para poder llevarla con comodidad al estilo de los *tailleurs* de la *maison* Chanel.

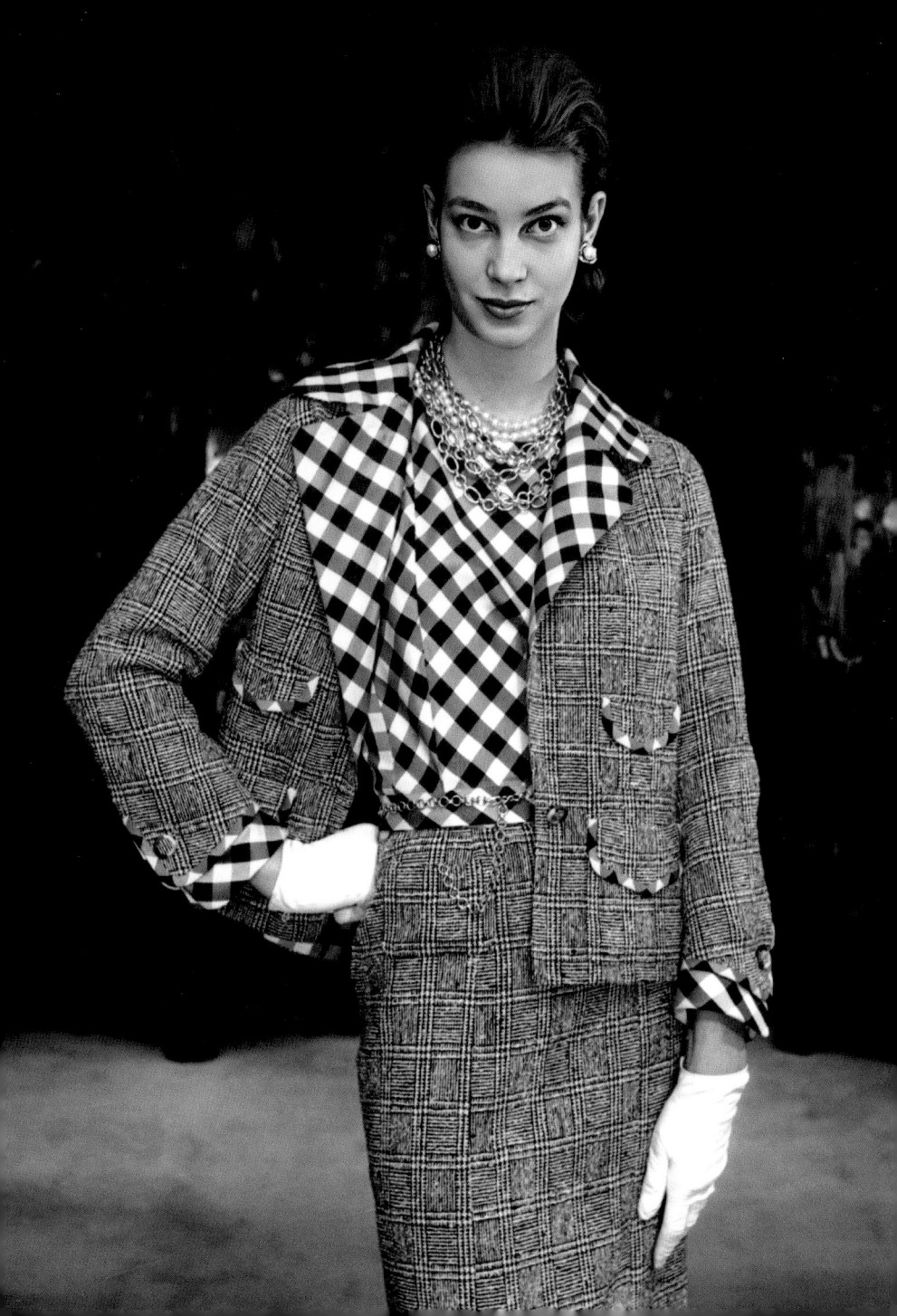

la mujer elegante y emancipada. Es una prenda que, al igual que la *petite robe noire*, se adapta a los nuevos modos de vida y puede llevarse durante todo el día y a cualquier edad.

La chaqueta, conjuntada con la falda, ambas confeccionadas en *tweed*, creaban un *look* único. La chaqueta prescindía de las pinzas para caer recta, estructurada y tan cómoda y flexible como una segunda piel. Los ribetes en colores contrastados en solapas, cuello y puños no solo perfilaban la silueta, sino que también reforzaban los bordes, manteniendo la forma de la prenda. Además, una cadena de metal cosida en la parte inferior y del lado interior garantizaba la caída adecuada. Como toque final, los botones-joya con el logo de la doble C o la cabeza de león, el símbolo de su signo astrológico, junto con el forro de seda proporcionaban un acabado lujoso, cuidando que la prenda fuera tan hermosa por dentro como por fuera.

El detalle más revolucionario, no obstante, quizá fuera el que a primera vista parece menos importante: los bolsillos. La chaqueta clásica de Chanel incorporaba cuatro bolsillos, dos en la parte superior y dos en la parte inferior; bolsillos que como destacó la directora del Palais Galliera, Miren Arzalluz, no estaban destinados para guardar un pañuelo o cualquier objeto, «sino para meter las manos en ellos en público, para estar cómoda. Un gesto que solo le estaba permitido a los hombres».

Esta fórmula ganadora, que combinaba magistralmente los conceptos de forma y función, se convirtió en algo más que un uniforme de moda para las mujeres que buscaban practicidad y elegancia. Se transformó en un referente de estilo que reflejaba una meticulosa reflexión en la concepción de cada detalle, y un objeto cultural con un fuerte valor simbólico que, al igual que el perfume Chanel Nº 5, quedó rápidamente inscrito en la

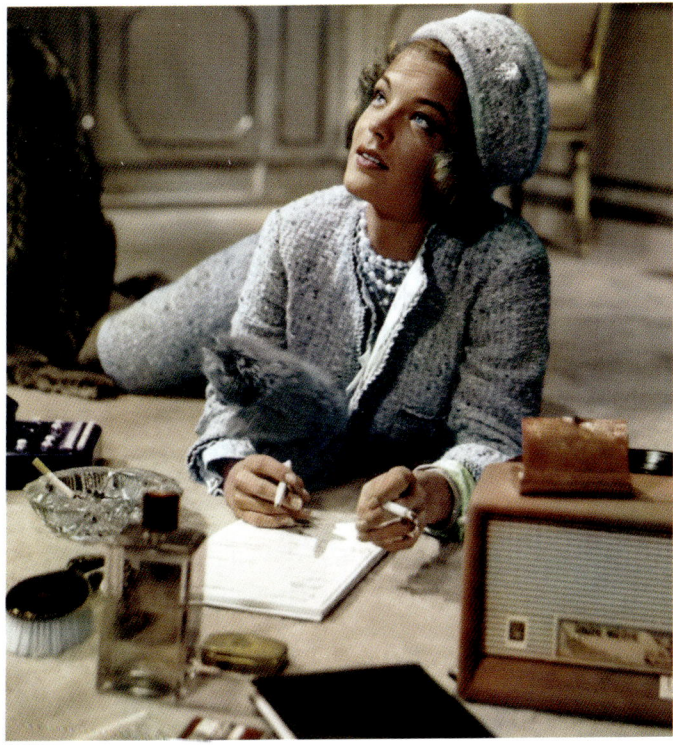

memoria colectiva, contribuyendo a la leyenda y al mito de Chanel. Apenas unos años después de su polémico regreso, la edición británica de *Vogue* afirmaba que «Chanel era la mayor influencia en el mundo en lo que a moda se refiere», y la revista *Elle* destacaba la originalidad de su *tailleur*, revelando punto por punto en una edición especial los secretos de fabricación de la codiciada chaqueta.

El estilo Chanel, cristalizado en el traje chaqueta, se popularizó entre las estrellas de cine y celebridades de todo el mundo.

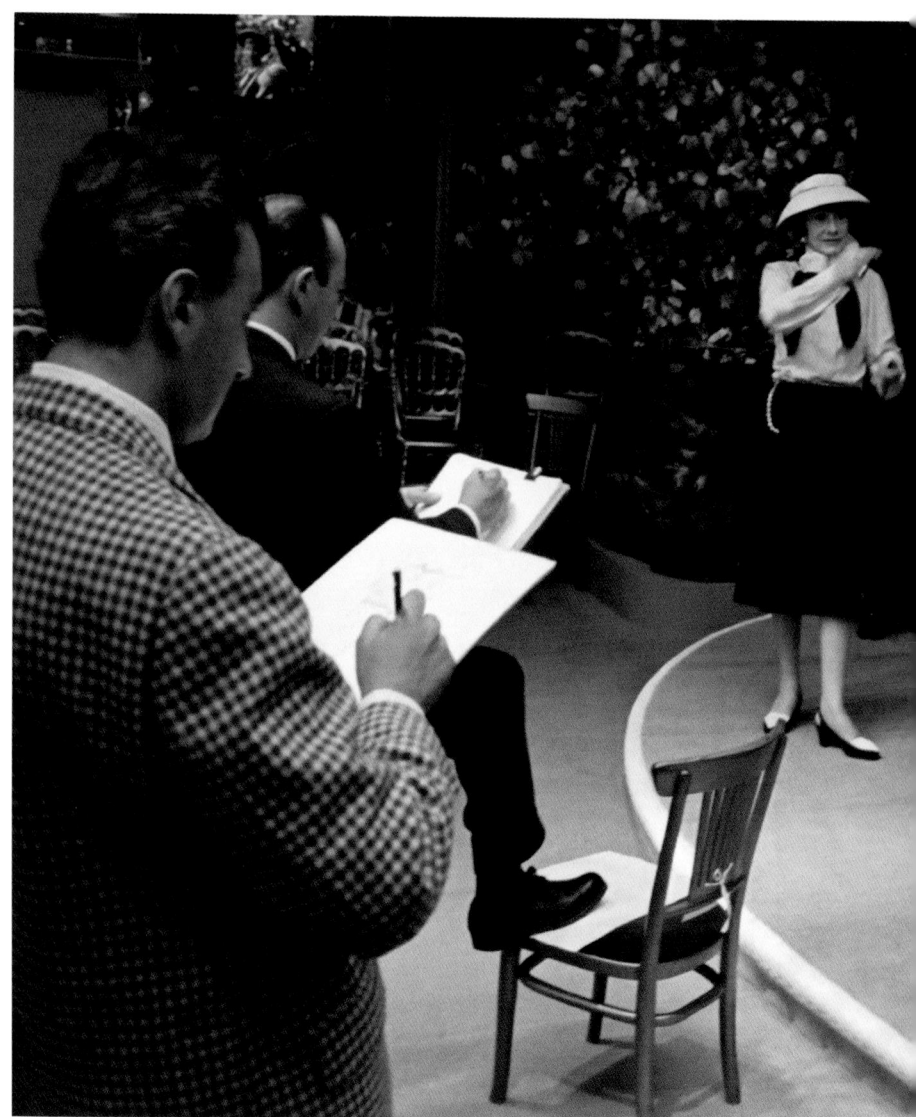

CHANEL

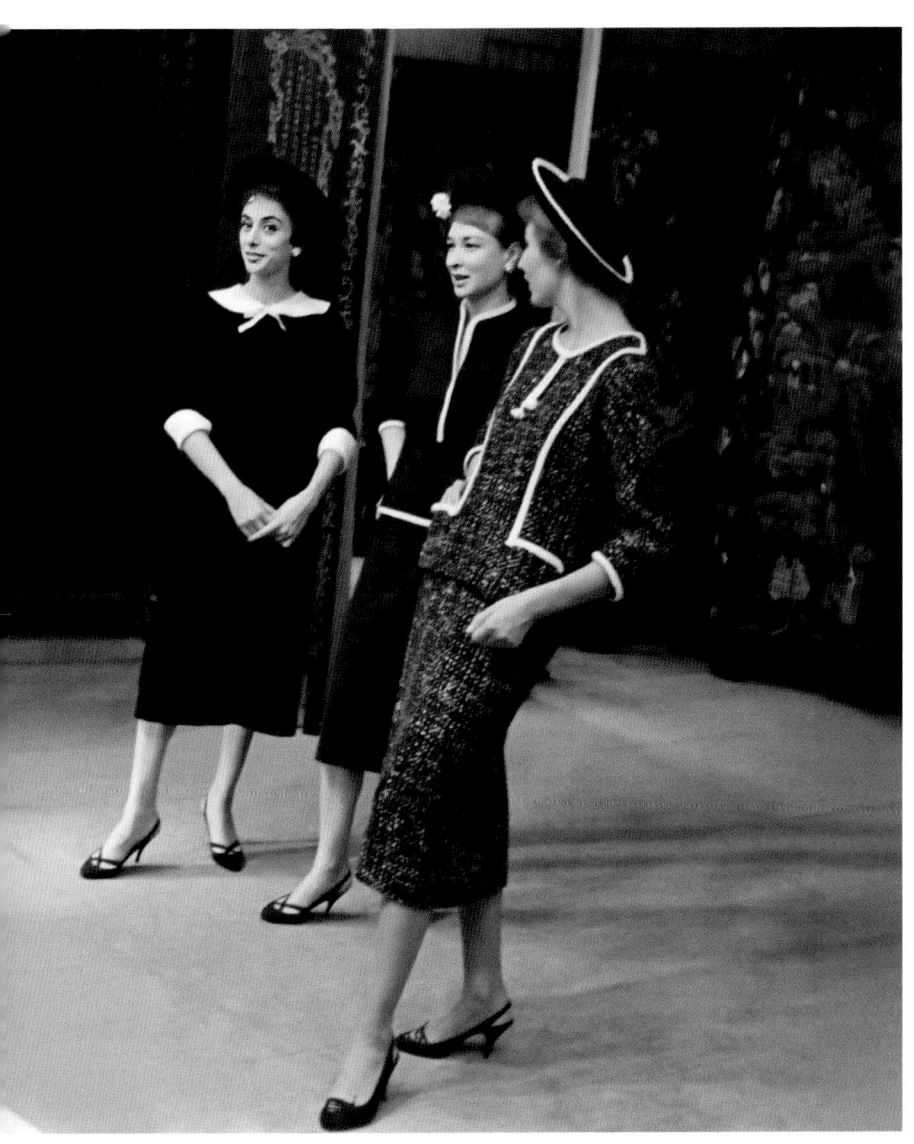

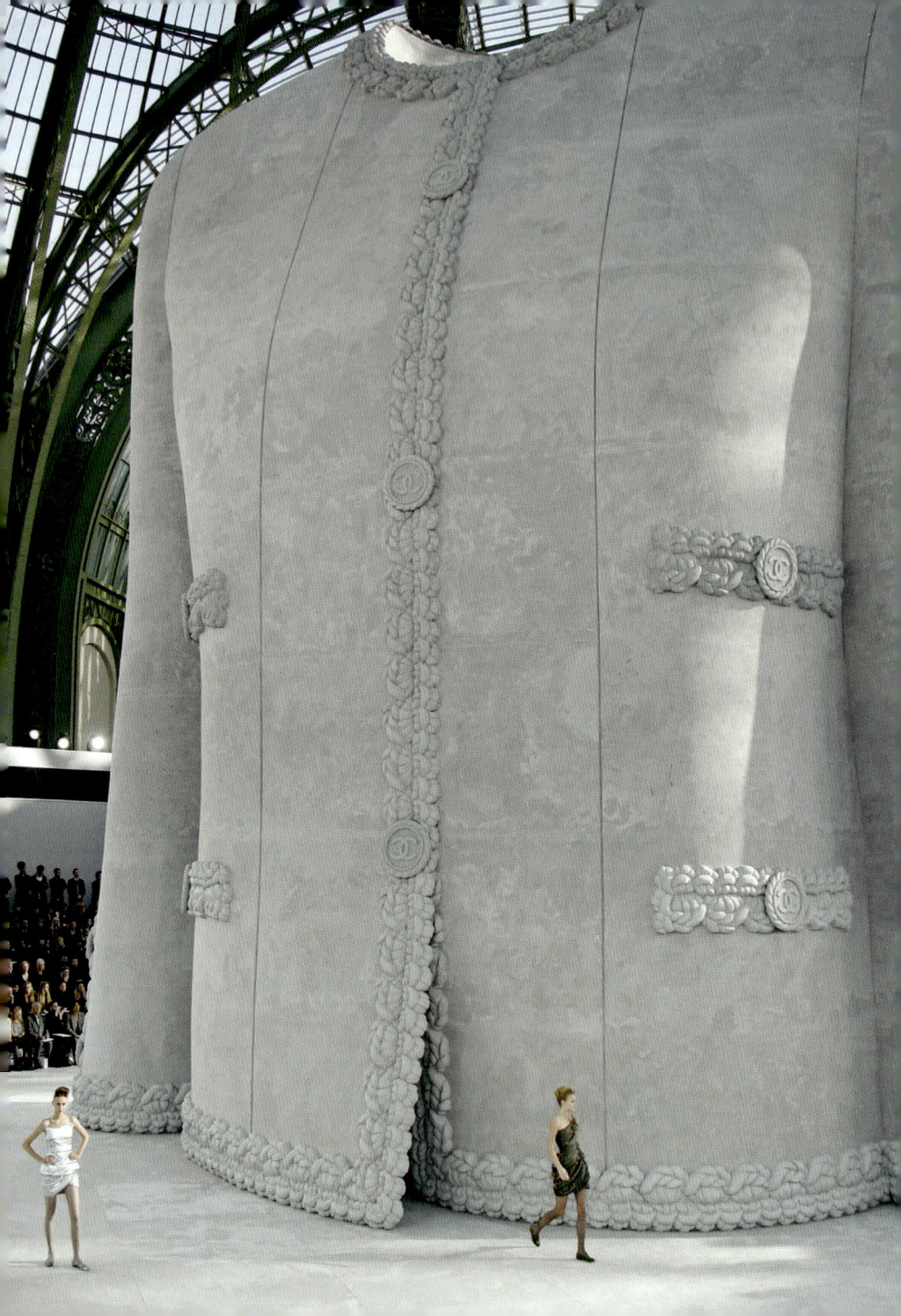

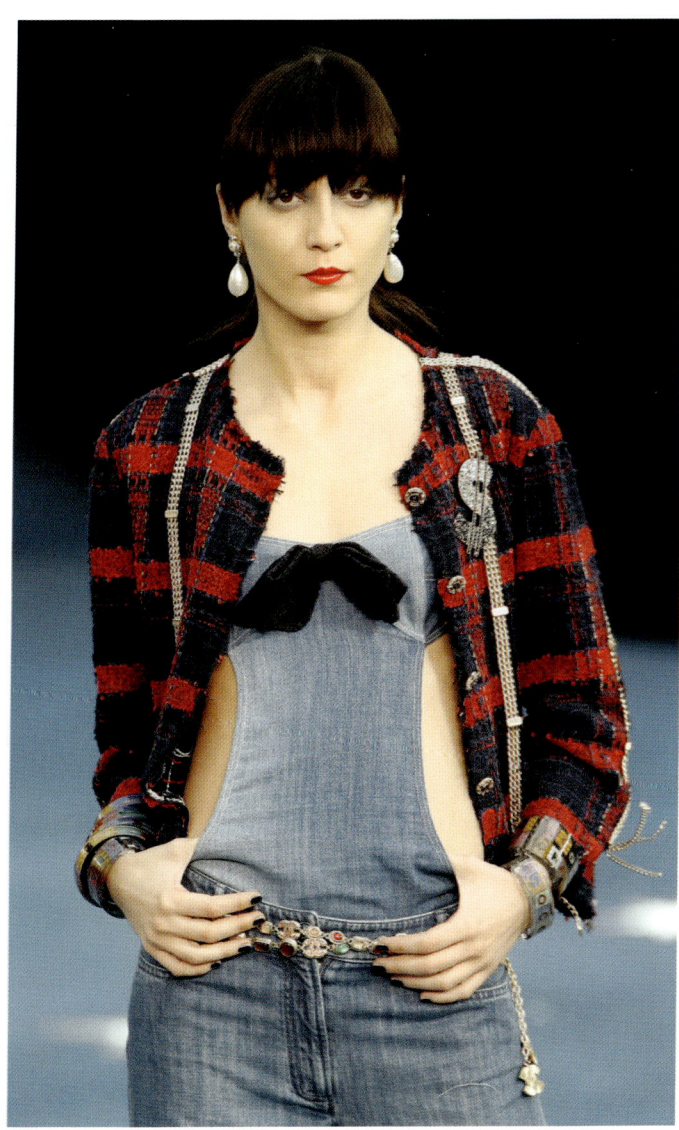

Página anterior. Desfile de alta costura Primavera-Verano 2008 llamado de la Veste Chanel. La escenografía, diseñada por Karl Lagerfeld, rendía homenaje a la emblemática chaqueta del *tailleur* de Chanel reproduciéndola en una enorme estatua de más de 20 metros.

A la izquierda, la clásica chaqueta de *tweed* perduró también en el desfile de *prêt-à-porter* Primavera-Verano 2008. En este caso, la que vestía Irina Lazareanu, el diseñador la combinó con *denim*.

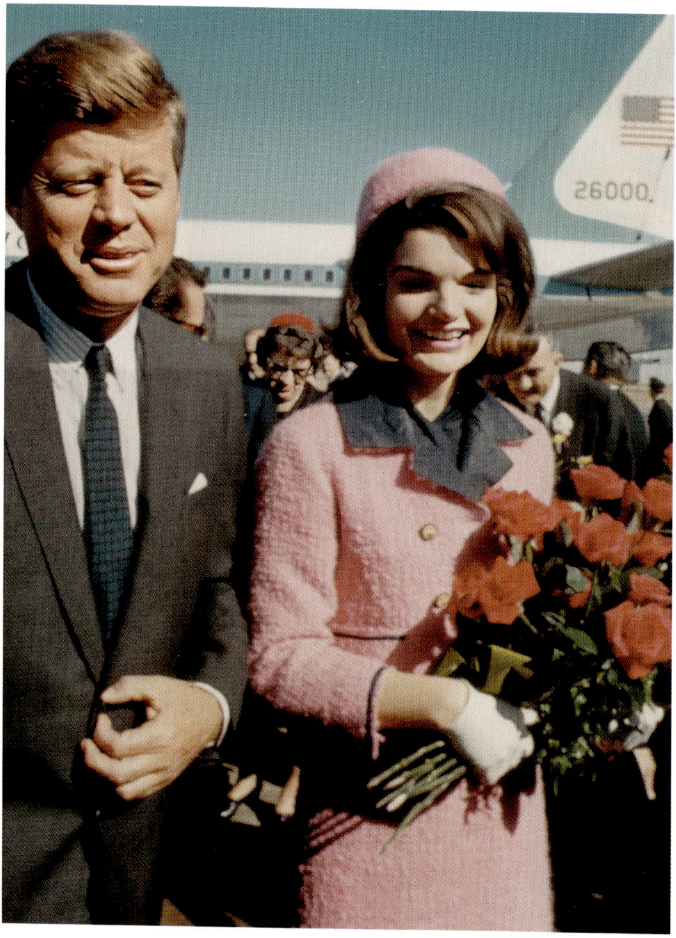

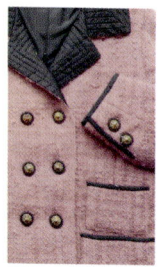

Jackie Kennedy con el traje chaqueta rosa de Chanel en el aeropuerto de Dallas el 22 de noviembre de 1963, el día del asesinato del presidente John F. Kennedy. Arriba, detalle de los botones y los bolsillos del tristemente famoso traje rosa de la primera dama.

Actrices francesas como Jeanne Moreau, Anouk Aimée y Brigitte Bardot, así como las figuras de Hollywood Elizabeth Taylor, Lauren Bacall, Grace Kelly e Ingrid Bergman lucían espléndidas con los trajes de chaqueta Chanel. El *tailleur* chic y sin excesos fue una pieza clave en su guardarropa, también en el de la joven-císima Romy Schneider a quién vistió Chanel en la mítica *Boccaccio '70* de Luchino Visconti.

También Jackie Kennedy comenzó a hacer pedidos regularmente a la *maison* a partir de 1955, consolidando aún más el prestigio y la influencia del estilo Chanel en todo el mundo. El fatídico viernes 22 de noviembre de 1963, durante su visita a Dallas, la primera dama llevaba puesto un traje de *bouclé* rosa de la firma. Tras los disparos que acabaron con la vida de su esposo, el traje quedó cubierto de sangre, pero ella se negó a quitárselo en todo el día. Quería que las cámaras captaran su vestido manchado, mostrando al mundo la brutalidad de los actos que habían destrozado su vida para siempre.

El traje Chanel es una de las creaciones de moda que más presencia ha tenido en la prensa occidental. El traje rosa de Jackie puede ser un triste recuerdo, pero ahí están para la posteridad las imágenes de las actrices del *star system* de los años 50, embajadoras de *l'allure* Chanel en América, y a las que Chanel vestía tanto dentro como fuera de la pantalla.

EL *TOTAL LOOK* CHANEL

En 1955, Chanel introdujo otra de las piezas clave de su legado: un bolso que, como todas sus creaciones, ofrecía una respuesta a las necesidades de las mujeres. En una época en la que los bolsos se llevaban como bolso de mano o *clutch*, decidió agregar una cadena para colgárselo al hombro, proporcionando así comodidad. «Estaba cansada de llevar los bolsos en la mano y de perderlos», explicó.

Para la diseñadora, los accesorios eran fundamentales, ya que ayudaban a crear una silueta armoniosa, revelaban su visión práctica de la moda y proporcionaban los detalles reconocibles que subrayaban la coherencia de su estilo. El bolso 2.55, nombrado así por el mes y el año en que apareció (febrero de 1955), liberaba las manos de las mujeres. Su interior, forrado en cuero rojo y meticulosamente diseñado con varios compartimentos y una amplia apertura, permitía ver fácilmente el contenido de un vistazo, todo concebido para hacerle la vida más fácil a quien lo llevaba.

El exterior del 2.55 se ideó en dos versiones, un modelo realizado en piel de cordero para el día, y otro para la noche en seda, que le otorgaba una imagen más sofisticada. El diseño incluía una solapa frontal con el emblemático cierre giratorio y dos juegos de ojales que permitían ajustar la longitud de la correa. El distintivo acolchado del bolso, inspirado en la ropa ecuestre, y la cadena dorada entretejida en tela se convirtieron al instante en señas de identidad reconocibles del estilo Chanel. Detalles que, en su conjunto, aunaban artesanía y diseño.

El guardarropa Chanel parecía terminado con la *petite robe noire*, el *tailleur* y accesorios como las perlas, el bolso 2.55 o la camelia, que solía usarse como *boutonnière* en sus prendas. Sin embargo, faltaba un último elemento definitivo: los zapatos. Chanel siempre había concebido su estilo como un todo coherente que organizara la silueta femenina. Necesitaba alguien que comprendiera su visión y recurrió a Raymond Massaro, cuya familia tenía un atelier en París desde 1894. El resultado de esta colaboración fue el icónico zapato bicolor, inspirado en el calzado de la aristocracia inglesa. Chanel encargó a Massaro un zapato con solo seis centímetros de tacón que, además,

La versión actual del modelo de bolso 2.55, creado por la diseñadora para ofrecer a las mujeres (y en primer lugar a sí misma) una alternativa liberadora de los bolsos de mano tradicionales, que juzgaba poco prácticos, encarna hoy el equilibrio perfecto entre elegancia y funcionalidad.

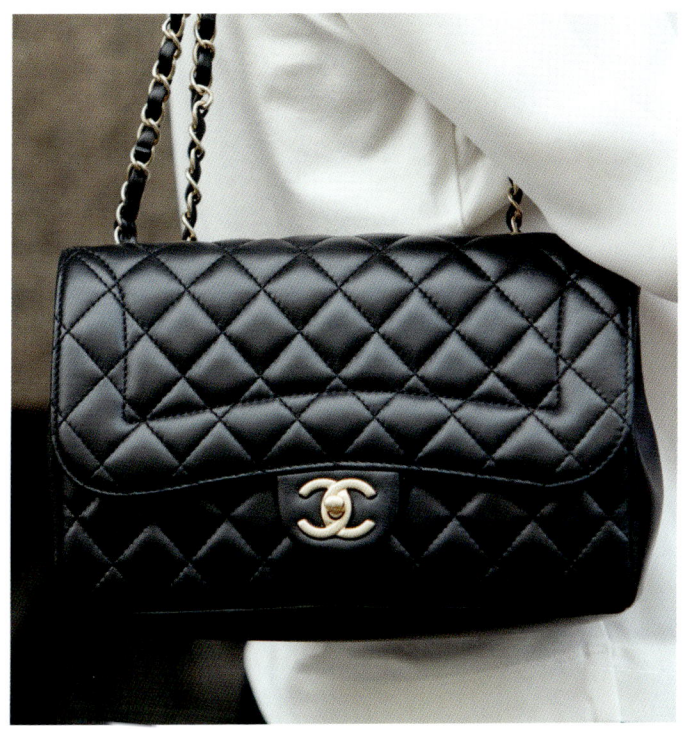

creara un efecto óptico para hacer que el pie pareciera más pequeño y estilizara el tobillo y la pierna. El artesano lo logró combinando el color beige con una puntera en color negro.

Con el zapato bicolor, el *total look* Chanel se perfila como un conjunto armónico, pleno y único, compuesto de elementos diversos, algunos de ellos provenientes de entornos ajenos a la moda femenina; un *look* que, como señala el teórico y semiólogo Jean-Marie Floch, no era solo ropa, sino también complementos que narraban la conquista de la libertad individual de las mujeres.

2.55: EL BOLSO ETERNO

El bolso 2.55 de Chanel nació de una necesidad personal. A la diseñadora le encantaban las carreras de caballos y quería tener las manos libres para fumar y usar prismáticos sin la incomodidad de cargar un bolso. En febrero de 1955, Chanel lanzó el 2.55, un bolso que unía magistralmente belleza y funcionalidad. El mundo de la hípica influyó en su diseño: las alforjas y el guateado de los chalecos de los jinetes y mozos de cuadra inspiraron su forma y distintivo acolchado en diamante. En 1982, Lagerfeld lo reinterpretó bajo el nombre *Timeless* con la cadena de piel entrelazada y el cierre de doble C.

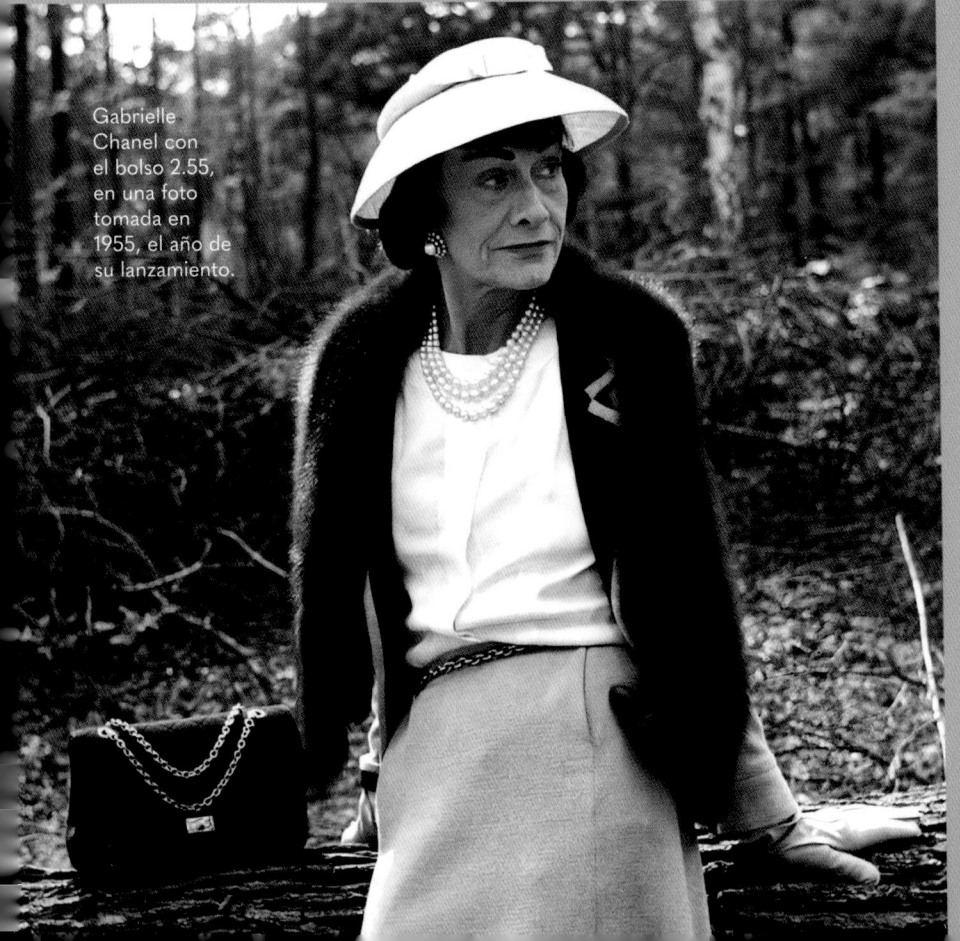

Gabrielle Chanel con el bolso 2.55, en una foto tomada en 1955, el año de su lanzamiento.

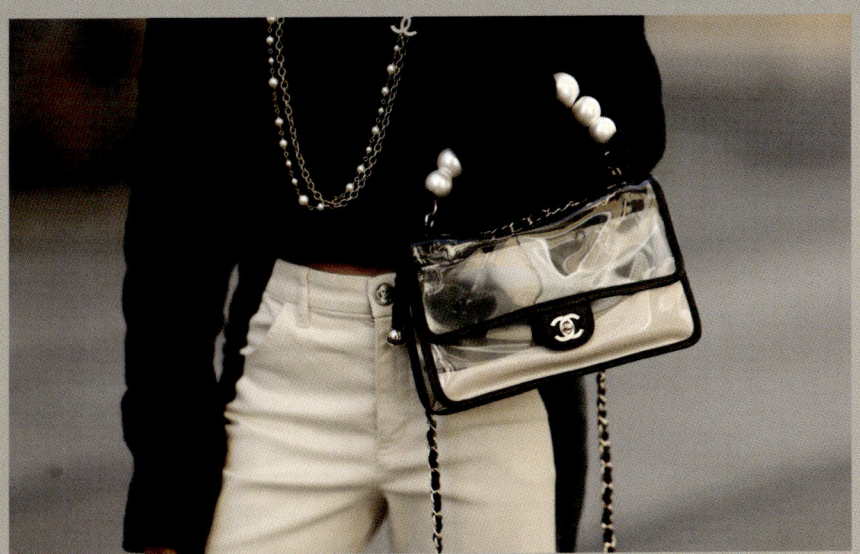

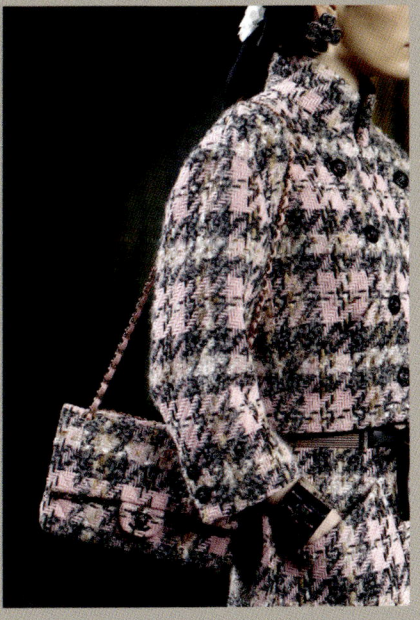

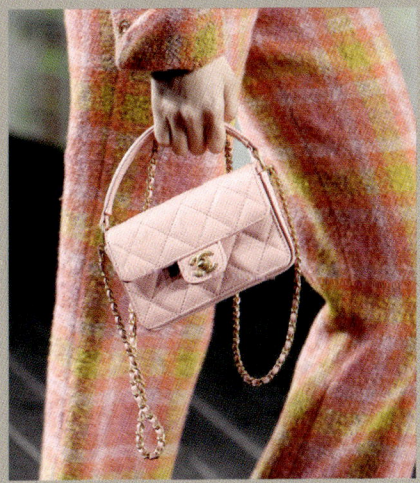

A lo largo de los años, el 2.55 se ha reinventado de todas las maneras posibles: en *tweed*, metalizado, embellecido con pedrería o incluso en PVC transparente.

LA PERMANENCIA DE UN ESTILO

Durante los revolucionarios Swinging Sixties, una década de cambios radicales en la moda, Chanel se mantuvo fiel a sus propias convicciones. No en vano, había construido su carrera ignorando las tendencias del momento. Le horrorizaban las minifaldas, pues consideraba que las rodillas eran la parte menos favorecedora del cuerpo. Por ello, la *maison* siguió con su estilo caracterizado por la elegancia atemporal y la sobriedad.

Mientras tanto, Gabrielle Chanel pasaba cada vez más tiempo en su suite del Ritz de París, su hogar durante lustros. Con la mayoría de sus amigos fallecidos y sintiendo que el tiempo se le agotaba, vivió sus últimos años casi en soledad, rodeada únicamente de un pequeño grupo de personas que cuidaban de ella. Murió el domingo 10 de enero de 1971, con ochenta y siete años.

El funeral se celebró en La Madeleine. Cientos de personas, desde los mejores modistos como Balenciaga y Pierre Balmain hasta modelos y costureras, se congregaron en la iglesia, en el corazón de París, el miércoles 13 de enero, para despedir a Coco Chanel. Sus restos serían después trasladados a Lausana, donde descansan junto a una sencilla estela con cinco leones esculpidos.

La diseñadora construyó para ella misma una definición de identidad femenina basada en la libertad, que legó a las mujeres en forma de un *look* imperecedero; una fórmula que no se ataba a los vaivenes del gusto ni a las características históricas de la moda, sino que permanecía y permanece vigente décadas después gracias a la labor de reinterpretación de quienes tomaron el relevo.

Gabrielle Chanel diseñó el *tailleur* como respuesta al estilo restrictivo de la década de 1950, ofreciendo una alternativa que se adaptaba mejor a la vida de las mujeres. Arriba, dos *tailleurs* de Chanel de 1958; abajo, dos modelos de Lagerfeld de la colección de alta costura de 1983.

Páginas siguientes: La modelo Inès de la Fressange (izquierda) y Coco Chanel (derecha) en el apartamento privado de la fundadora en la Rue Cambon, rodeadas por símbolos y objetos que acompañaron a Coco toda su vida.

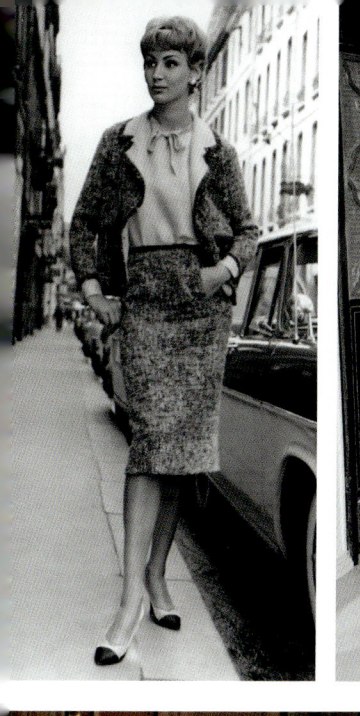
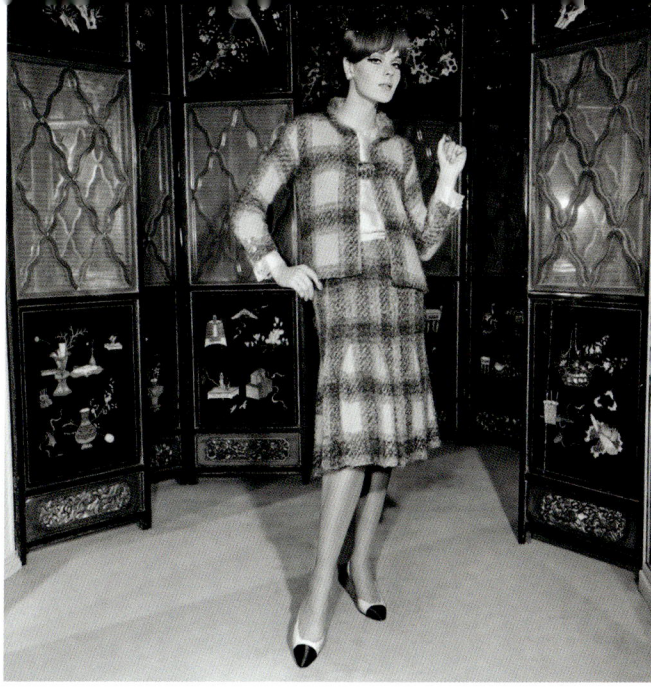
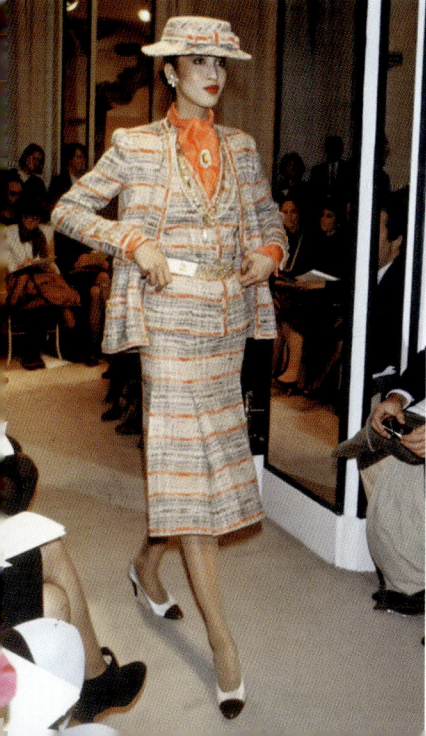
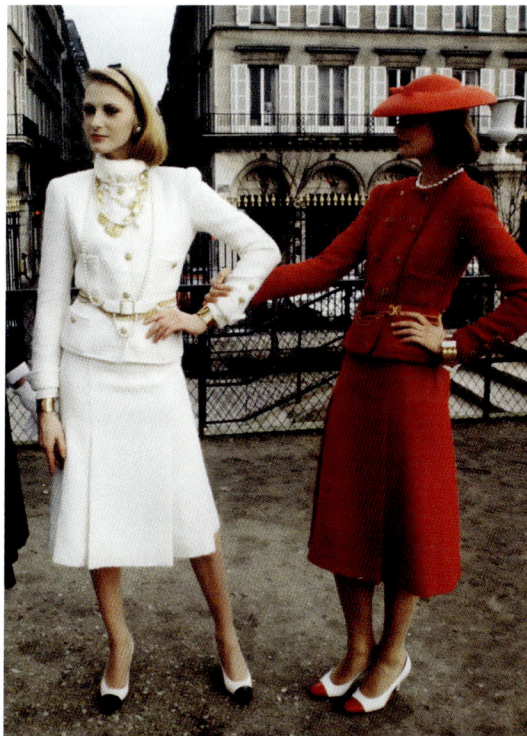

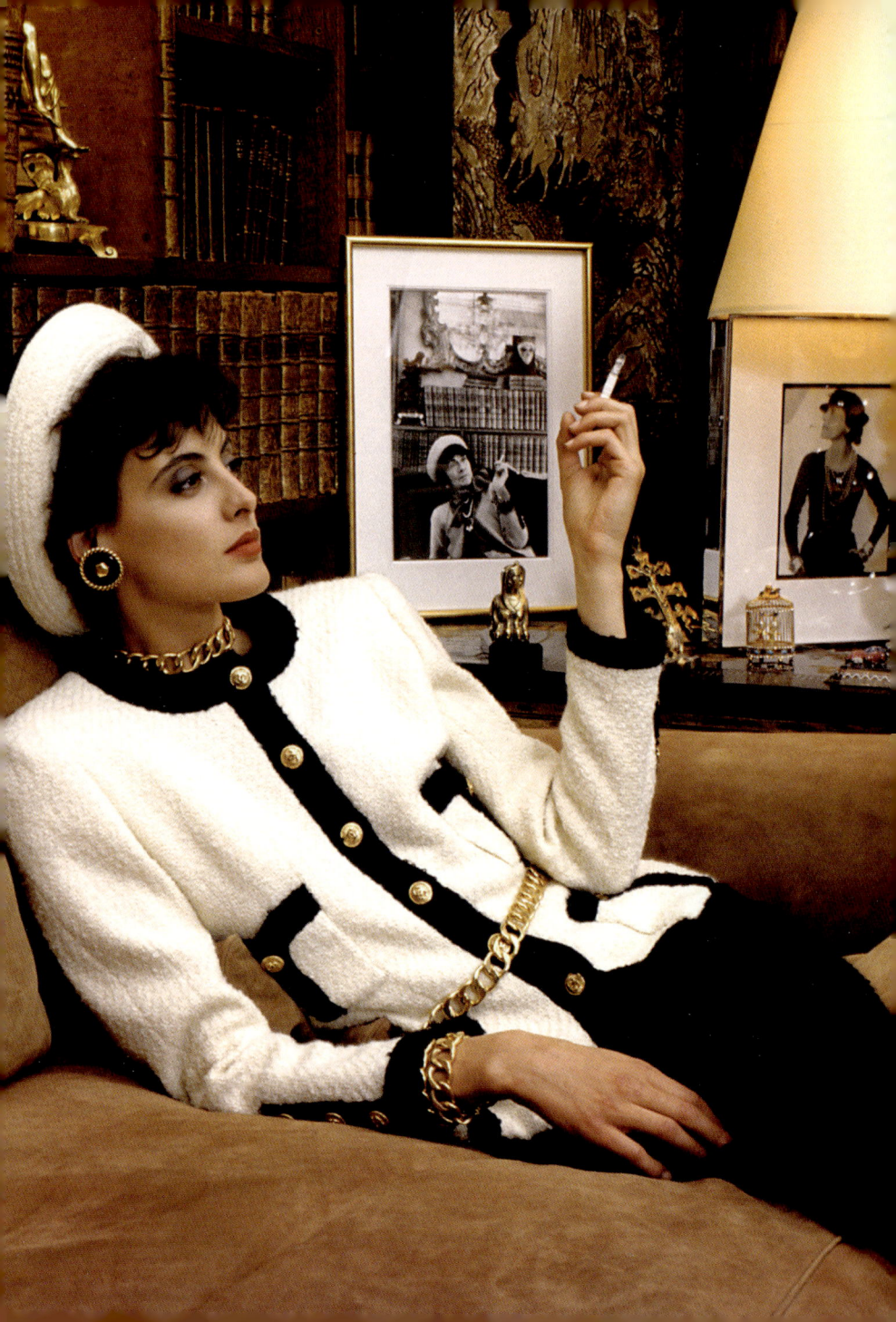

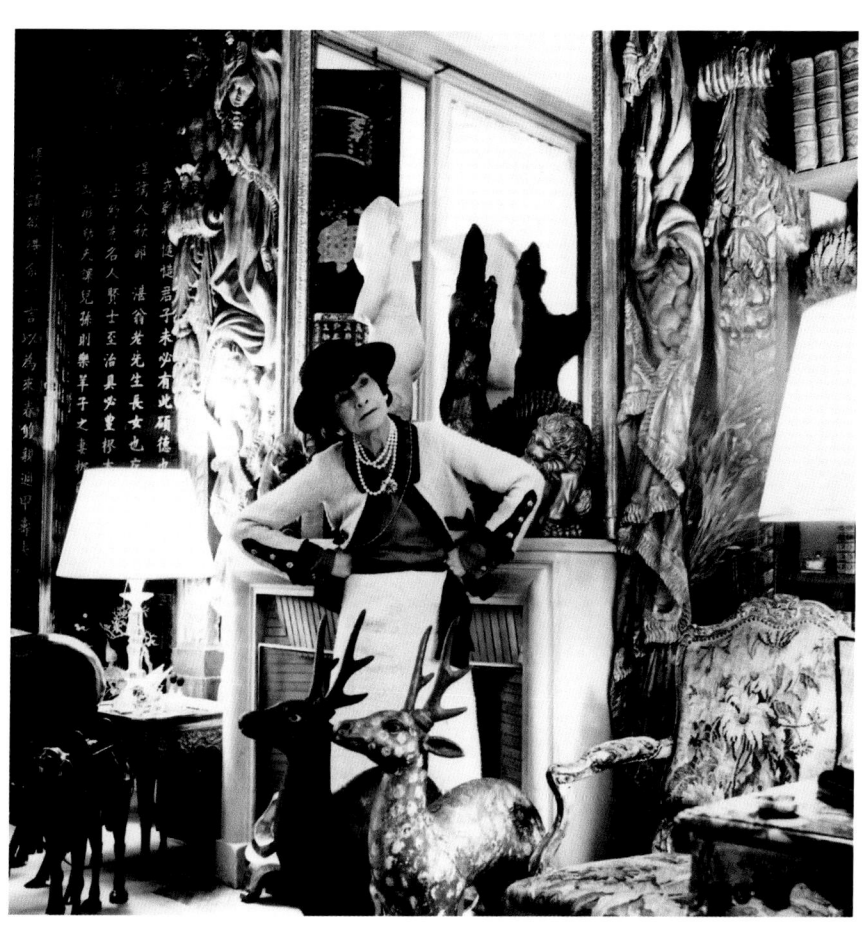

Chanel era la mayor influencia en el mundo
en lo que a moda se refiere
VOGUE, AÑOS 50

LA ERA LAGERFELD

Tras la muerte de Gabrielle Chanel, su última colección de alta costura, diseñada antes de su fallecimiento, se presentó póstumamente semanas después. Los siguientes años estuvieron marcados por la incertidumbre en la dirección creativa de la *maison*. Encontrar un sucesor que mantuviera vivo el espíritu de la marca y lo adaptara a los nuevos tiempos resultó ser una tarea compleja.

Chanel había creado un estilo basado en su vida y necesidades, convirtiéndose en musa y embajadora de su propia firma. No bastaba con seguir reproduciendo sus creaciones icónicas; era necesario lograr una perspectiva renovada y fresca, algo para lo que la diseñadora tenía un enorme talento, pero que no era tan sencillo de replicar.

Cuando entré en la maison, *nadie quería ponerse su ropa ni llevar sus accesorios. Nadie vestía de Chanel*

KARL LAGERFELD

Con la necesidad de un nuevo liderazgo en la *maison*, Ramón Esparza, mano derecha de Cristóbal Balenciaga durante veinticinco años, asumió el cargo, pero duró apenas un año. Fue sustituido por Gaston Berthelot, un colaborador cercano de Chanel, quien ocupó temporalmente el puesto antes de que la firma pasara por las manos de varios diseñadores hasta llegar finalmente a Karl Lagerfeld en 1983.

Ninguno de los creativos anteriores al «káiser de la moda», como lo llamaba la prensa, consiguió revitalizar la *maison*. Durante esos años, las colecciones recibieron críticas desfavorables y no lograron atraer a las nuevas generaciones de clientas. La rentabilidad se limitaba prácticamente a la venta del perfume Chanel Nº 5 y, a principios de los años 80, la firma estuvo al borde de la desaparición. Tras varios intentos por rejuvenecer la imagen y las ventas de la casa, la familia Wertheimer, propietaria de Chanel, contrató a Karl Lagerfeld con la promesa de otorgarle total libertad creativa, considerando que esta era la única manera de salvar el negocio fundado por Gabrielle Chanel setenta años atrás.

El propio Lagerfeld expresó sus comienzos de esta manera: «Cuando entré en la *maison*, nadie quería ponerse su ropa ni llevar sus accesorios. Nadie vestía de Chanel. Así que me lo tomé como un reto. Los dueños me dieron carta blanca para crear, para hacer algo que funcionase, pero sin presión. Si no lo conseguía, venderían la marca: pero sí insistieron en que con mi llegada vendría el éxito, como así fue. A mí me atrajo la idea de resucitar algo que estaba muerto».

En realidad, lo que estaba en declive no era tanto el estilo Chanel como la dirección de la *maison*. Los elementos que hacían inconfundible a Gabrielle Chanel se habían convertido en símbolos de su estilo. Sin embargo, se necesitaba una reinterpretación, un ajuste a los nuevos tiempos y un esfuerzo por integrar la estética y los valores del *total look* de Chanel al mundo contemporáneo.

EL RENACER DE CHANEL

En la década de los 80, Karl Lagerfeld ya era una figura destacada en el mundo de la moda. Había comenzado su carrera en Balmain, trabajado para Patou y Chloé, y desde 1985 creaba colecciones para Fendi. Era prolífico, incansable y audaz, como la propia Chanel, con una capacidad extraordinaria para com-

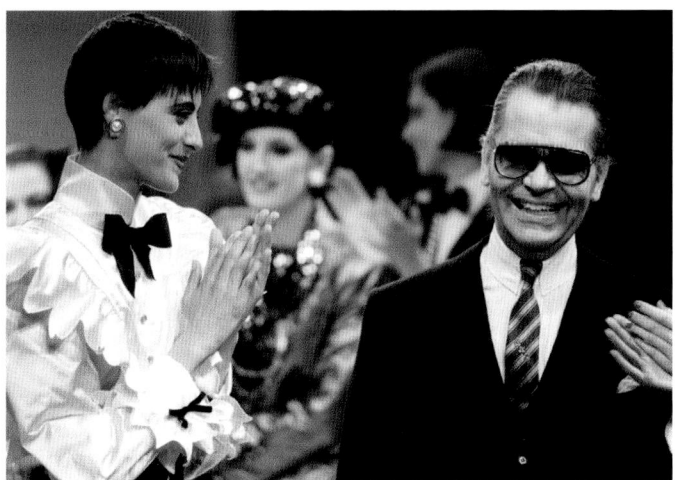

Karl Lagerfeld con la modelo y musa de la *maison*, Inès de la Fressange, en sus comienzos en el desfile de *prêt-à-porter* Otoño-Invierno 1984.

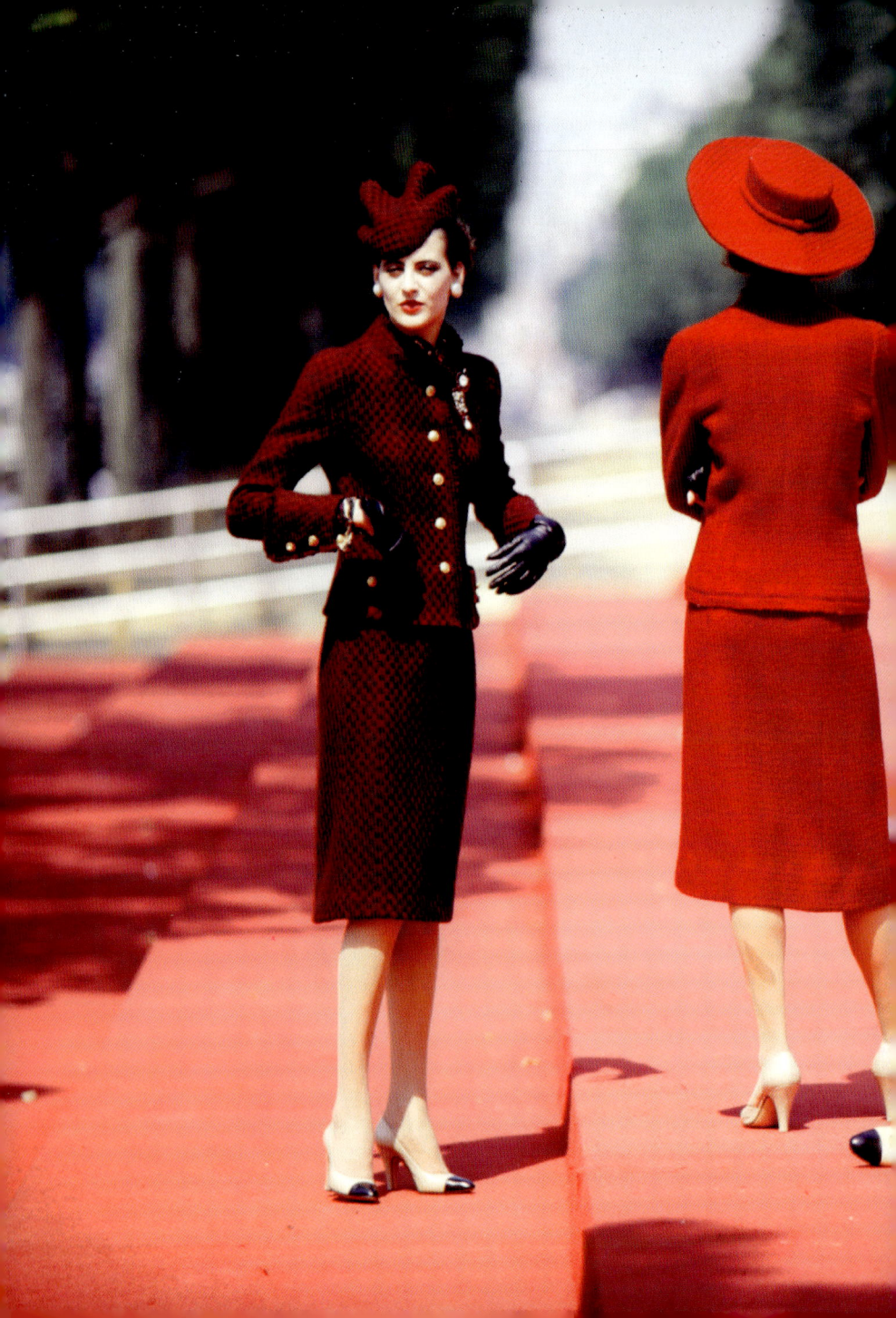

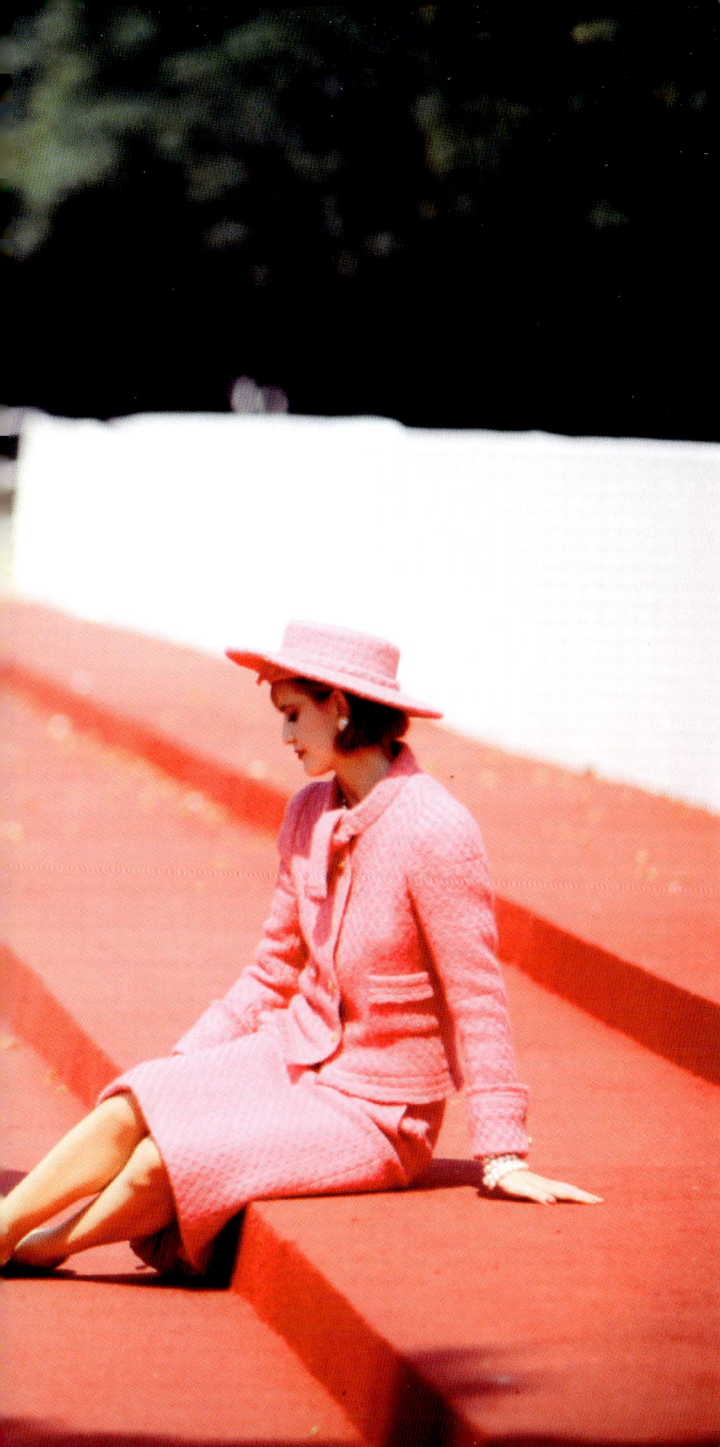

Las modelos
Inès de la
Fressange, Tara
Shannon y Kirat
Bhinder posan
con la colección
Otoño-Invierno
1984, la segunda
de Karl
Lagerfeld para
la alta costura
de Chanel. El
diseñador dio
nuevos valores
al estilo de la
marca
reinterpretando
la iconografía
de la firma
—el *tailleur*,
el canotier
y el zapato
bicolor...—
en tonos y
variaciones
inesperados.

prender y reinventar los códigos estéticos de cada marca con la que colaboraba.

Al asumir la dirección creativa de la marca, el diseñador alemán se enfocó en definir con total precisión la identidad visual de Chanel, los «elementos de identificación instantánea»: el bolso 2.55, el botón con la doble C, la camelia, el zapato bicolor, la *petite robe noire*, el lazo, la cruz bizantina, el *canotier*, el collar de perlas y el *tailleur*. Sobre esa base, Lagerfeld emprendió un auténtico trabajo de traducción, reinterpretando y modernizando el patrimonio de Chanel para insertar los elementos del estilo en el mundo contemporáneo. Sin caer en la nostalgia o en la réplica del original, trabajó con la precisión «de un gran compositor que trabajase en variaciones sobre un tema dado: un tema que se llama Chanel», como dice Edmonde Charles-Roux en su libro *El siglo de Chanel*.

El proceso de revitalización de la *maison* comenzó con las primeras colecciones de *prêt-à-porter* de Lagerfeld. En 1974, Yvonne Dudel y Jean Cazaubon, exasistentes de Chanel, habían intentado reflotar la marca con una línea *prêt-à-porter*, sin demasiado éxito. Lagerfeld llevó el *prêt-à-porter* de Chanel a una nueva era, transformándolo en una expresión del lujo y el estilo de la *maison*, en lugar de en una versión secundaria de la alta costura.

Su estrategia consistió en mantener la estética de la firma, adaptándola a las tendencias actuales sin perder su esencia. Quienes lo conocieron y trabajaron con él señalan que Lagerfeld poseía un ojo crítico, una creatividad y una capacidad de observación excepcionales para captar y entender el espíritu de los tiempos. *Vogue* lo reconoció al llamarlo «la esponja de la cultura pop más destacada de la industria». Con este don para captar y

Para el desfile de *prêt-à-porter* Otoño-Invierno 2008 de Chanel, Karl Lagerfeld construyó una puesta en escena con los elementos clave del imaginario de la firma de una forma grandilocuente y lúdica. Un gigantesco carrusel con la camelia, el lazo, las perlas, el zapato bicolor, el canotier y el botón con la doble C servía como telón de fondo de la pasarela.

reinterpretar lo efímero, incorporó elementos que reflejaban la cultura y la estética del momento, asegurando que Chanel se mantuviera actual y relevante en un mercado en constante cambio, y a la vez atrayente para un público más joven.

En muchos aspectos, la forma de trabajar de Lagerfeld guardaba similitudes con la de Gabrielle Chanel. Así como ella había integrado prendas masculinas y nuevos materiales en sus colecciones, Lagerfeld también renovó el *prêt-à-porter* de Chanel. Incorporó el *denim*, un tejido que la diseñadora nunca había usado. En la colección de Otoño-Invierno 1990-1991, rememorando el gusto de la diseñadora por la ropa deportiva, Lagerfeld se inspiró en la estética surfera y ciclista, tal como ella había hecho con el *sportswear*. En la colección de Otoño-Invier-

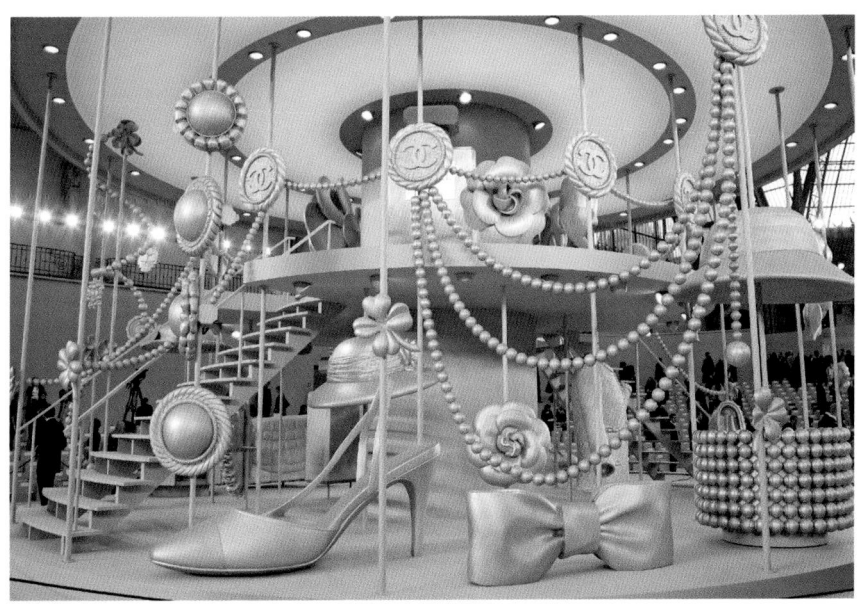

no 2014-2015, presentó unas zapatillas deportivas con incrustaciones de *tweed* junto a los clásicos trajes de la *maison*. También incluyó la minifalda en sus colecciones, algo que Gabrielle Chanel había rechazado. «Odiaba la minifalda, pero si empiezas a estar en contra de la moda de una época, tienes un problema», declararía años más tarde el diseñador en la apertura de la exposición Mademoiselle Privé en la Galería Saatchi de Londres.

Lagerfeld implementó esta misma filosofía en la alta costura durante un periodo complejo, en el que el mercado estaba en profunda crisis. Los altos costes de producción y la disminución de clientes dispuestos a pagar precios elevados por prendas hechas a mano habían provocado que muchas casas de moda cerra-

Desfile de la colección Otoño-Invierno 2014-2015 en la que la marca experimentó con ricos bordados, tejidos metalizados e incrustaciones que requerían ingentes horas de trabajo artesanal.

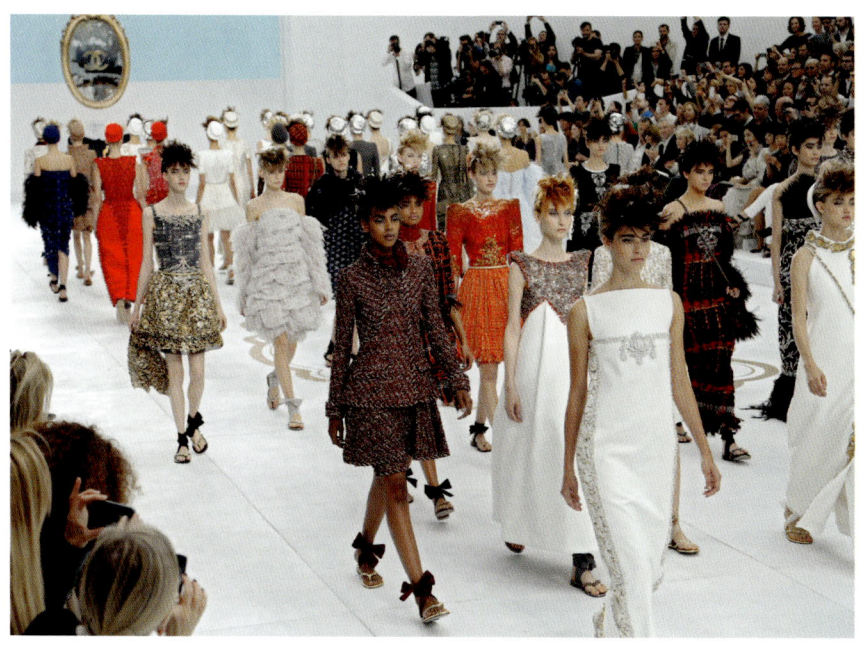

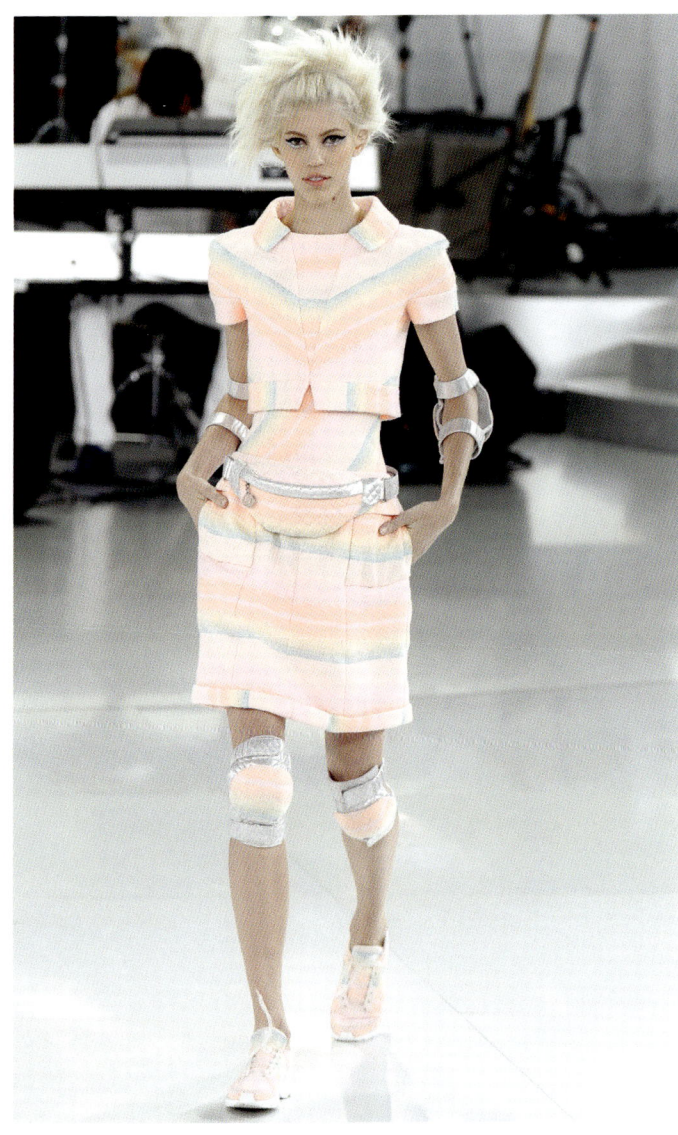

La colección
de alta costura
Primavera-
Verano 2014
rompió un tabú
al asociar la
ropa de deporte
(rodilleras y
coderas de
patinaje) a la
alta costura:
las modelos
desfilaron
con zapatillas
deportivas.
Más adelante,
Lagerfeld
también
incorporó
el zapato
deportivo en
el *prêt-à-porter*.

ran sus líneas de alta costura para centrarse en el *prêt-à-porter* y mantenerse financieramente viables. Sin embargo, firmas como Chanel, Dior y Givenchy continuaban creando alta costura.

Al igual que en las colecciones de *prêt-à-porter*, Lagerfeld equilibró la innovación con la atemporalidad de los elementos icónicos, integrando influencias de la cultura pop y materiales inéditos en la alta costura, como tejidos metálicos y PVC. Un ejemplo de su enfoque innovador es la colección de alta costura de Otoño-Invierno 2015-2016, donde empleó la impresión 3D para reinventar la mítica chaqueta Chanel. «La idea era tomar la chaqueta más icónica del siglo XX y crear una versión del siglo XXI», explicó el diseñador. Otra muestra de su excelencia en reinterpretar los elementos representativos de la firma se vio en la colección de Primavera-Verano 1992, donde Christy Turlington desfiló con una *petite robe noire* adornada con cadenas doradas, un diseño que combinaba dos claves del estilo Chanel, pero con una lectura contemporánea.

Sin embargo, quizá su mayor logro en este sentido fue la revalorización del bolso 2.55. Lagerfeld modernizó este emblemático accesorio, manteniendo su esencia atemporal mientras añadía detalles contemporáneos y materiales innovadores. Esta transformación no solo revitalizó su diseño, sino que también lo convirtió en un verdadero objeto de deseo para todas las generaciones, especialmente para las jóvenes, lo que incrementó significativamente su valor en el mercado. Desde su precio inicial de unos 170 euros en 1955, el bolso 2.55 ha experimentado un incremento de más del dos mil por ciento, llegando a costar más de 10.000 euros en la actualidad.

La labor de Lagerfeld al frente de la *maison* y con el patrimonio Chanel fue comparable a la de un lingüista, como afir-

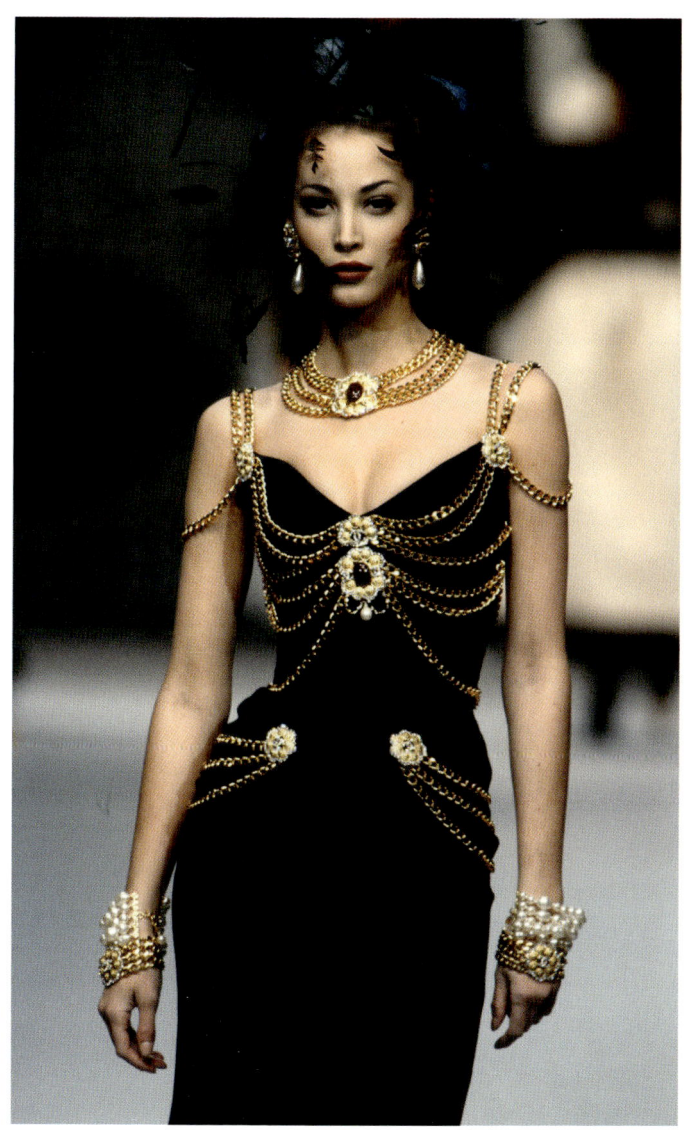

La modelo
Christy
Turlington
con una *petite
robe noire*
reinventada
por Lagerfeld
en la colección
de alta costura
Primavera-
Verano 1992.
Este vestido
con cadenas,
conocido como
chain dress,
es uno de los
más distintivos
de la etapa de
Karl Lagerfeld
en la *maison*.

mó Anna Wintour en los British Fashion Awards de 2015. Reinterpretó el vocabulario Chanel y le otorgó nuevos valores, asegurando que las siguientes generaciones permanecieran fieles al estilo de la centenaria casa.

LA PASARELA COMO ESPECTÁCULO

Multifacético e innovador, Lagerfeld también extendió su visión renovadora a la presentación de las colecciones de Chanel. A partir de 1987, se hizo cargo de las campañas fotográficas de la firma, adoptando el rol de diseñador y comunicador. Su primera campaña con Inès de la Fressange como musa marcó el inicio de una nueva era visual para la *maison* y también de un nuevo enfoque comunicativo que consistió en personificar el estilo de la *maison* en embajadoras icónicas.

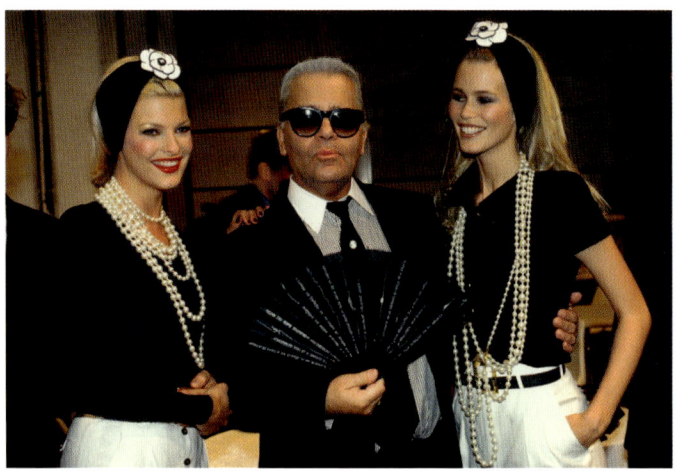

Naomi Campbell, una de las musas de Lagerfeld en los años 90, en el desfile de la colección de *prêt-à-porter* Otoño-Invierno 1995-1996 en París, llevando un traje con tres piezas de *tweed*.

Karl Lagerfeld con las modelos Claudia Schiffer (derecha) y Linda Evangelista (izquierda) en 1994. Iconos de la perfección, las *top models* encarnaron también la mujer Chanel de los años 90.

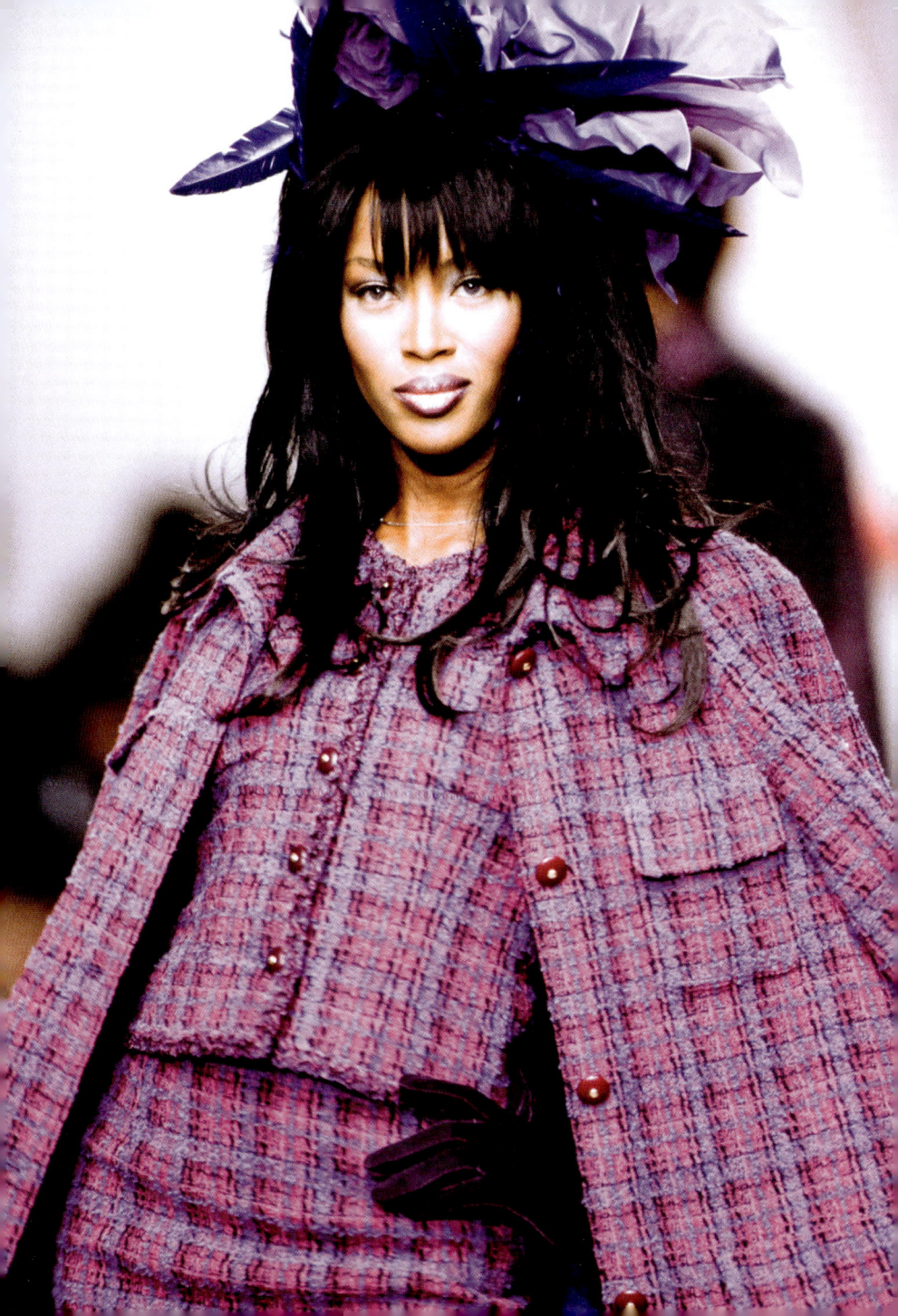

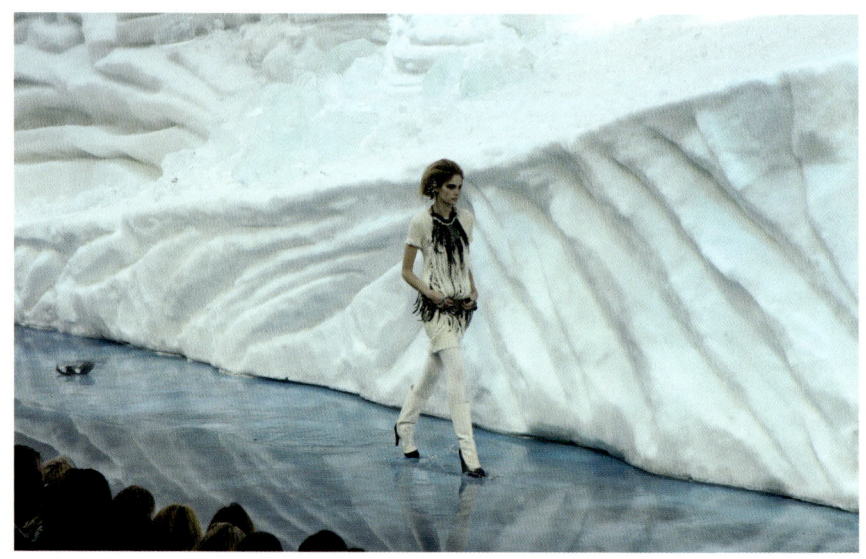

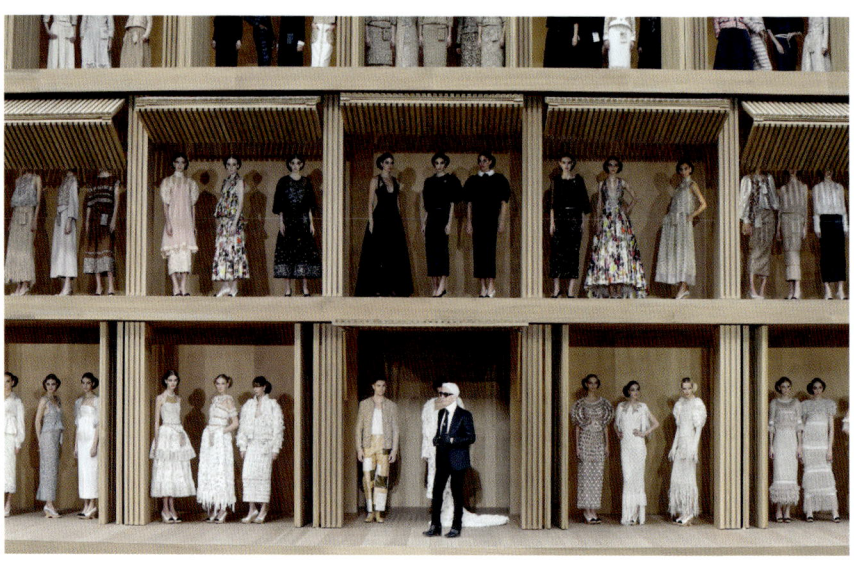

CHANEL

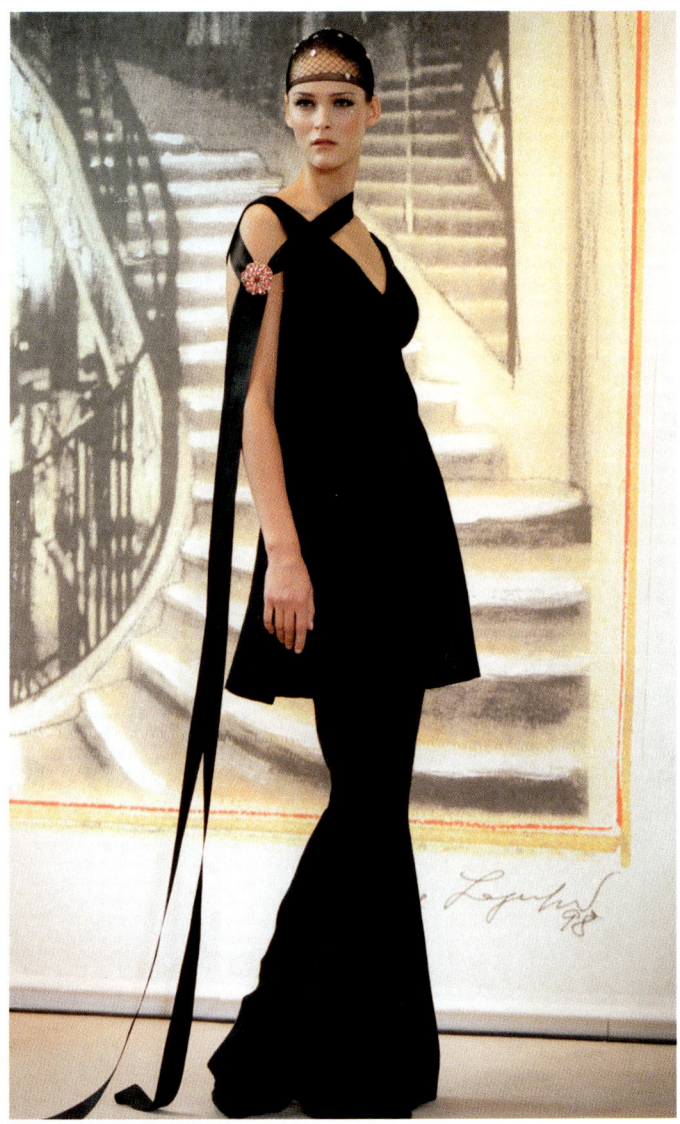

Página anterior
En el vasto espacio del Grand Palais de París, muchas de las escenografías de los desfiles de Chanel han pasado a formar parte de la memoria colectiva. Como la del iceberg traído desde Suecia para la colección Otoño-Invierno 2010, o la de la casa de madera de inspiración nórdica de la colección Primavera-Verano 2016-2017.

A la izquierda, una modelo de la colección de alta costura Primavera-Verano 1998, con una imagen a tamaño natural de la escalera de la *maison* de fondo.

Era la época de las grandes supermodelos, y Lagerfeld supo capitalizar su influencia para fortalecer y modernizar la imagen de Chanel. Con modelos como Inès de la Fressange, Linda Evangelista, Claudia Schiffer, Cindy Crawford, logró encarnar la nueva *allure* Chanel: joven, fresca y chic. Esta estrategia continuó durante todo su liderazgo en la firma. «Cada periodo tiene sus diferentes tipos de mujer», diría el propio Lagerfeld en una entrevista en 2018 con *Vogue* Italia. Así, renovaba continuamente los rostros de Chanel, buscando siempre a la musa perfecta para representar el espíritu de la marca. En los años 1990 y 2000, figuras como Kate Moss y Vanessa Paradis adoptaron este ideal, mientras que en la última década, Cara Delevingne, Kristen Stewart y Marion Cotillard han reflejado la versatilidad y modernidad de Chanel.

Fuente inagotable de ideas, Lagerfeld llevó su creatividad de manera arrolladora al terreno de los desfiles. El formato minimalista de los tiempos de Gabrielle Chanel había quedado obsoleto. Para mantener viva la empresa y llevarla al siglo XXI, era necesario buscar un nuevo lenguaje.

La gestión de una marca de lujo como Chanel, especialmente en lo que se refiere a su pervivencia, no se basa únicamente en rejuvenecer o innovar. Es crucial la construcción de un mito que resuene para el público en lo más profundo de sus emociones. «El lujo no es plenamente él mismo sino cuando consigue elevarse al rango de leyenda, cuando logra constituir en mito "intemporal" los objetos perecederos del consumo», sostienen Lipovetsky y Roux en *El lujo eterno*.

Desde 2005, cuando Chanel eligió el Grand Palais de París como escenario para sus desfiles durante la Semana de la Moda, estos eventos se convirtieron en ejemplos perfectos de

El lujo no es plenamente él mismo sino cuando
consigue elevarse al rango de leyenda
GILLES LIPOVETSKY Y ELYETTE ROUX

cómo una marca de lujo puede convertirse en leyenda. Lagerfeld desempeñó un papel crucial en este proceso con escenografías inolvidables y narrativas visuales impactantes que capturaban la atención mediática: un iceberg gigantesco traído desde Suecia para la colección Otoño-Invierno 2010, una playa con arena y olas para la colección crucero 2019 o una réplica de la Torre Eiffel en la alta costura Otoño-Invierno 2017-2018.

En el terreno de la comunicación, donde Lagerfeld demostraba todo su genio, la diseñadora Gabrielle Chanel seguía siendo la fuente de inspiración, el alma de sus campañas. Desde el comienzo de su trabajo fotográfico para Chanel, Lagerfeld reinterpretó frecuentemente elementos de la leyenda de Chanel, evocando lugares queridos por la fundadora como Deauville y Biarritz. Para el desfile de alta costura Primavera-Verano 2006, recreó la mítica escalera del apartamento en la Rue Cambon, desde donde la diseñadora observaba las reacciones del público. Bajo su dirección, cada temporada de Chanel no solo mantenía viva su rica herencia, sino que también la reimaginaba con audacia y creatividad, consolidando a la *maison* como un referente atemporal de la moda.

EL *SAVOIR-FAIRE*

Durante toda su vida, Chanel colaboró con renombrados artesanos y artistas para desarrollar sus diseños. Consciente de

PARAFFECTION, LUJO Y ARTESANÍA

En 1997, Chanel anunció la creación de su filial Paraffection, con el propósito de unir y preservar los talleres artesanos fundamentales para la alta costura y el lujo. Estas casas, con una rica herencia y *savoir-faire*, se enfrentaban al riesgo de desaparecer debido a la falta de inversión y sucesores. Chanel comenzó a adquirir estos talleres para asegurar su continuidad y formar a nuevos artesanos. Hoy, Paraffection suma veintiséis firmas, cada una especializada en un oficio distinto. Lesage, Massaro, Goosens o Lemarié son algunos de los grandes nombres de la tradición de los oficios que proveen a la alta costura, que figuran en el proyecto. Chanel y Paraffection presentan cada año la colección Métiers d'Art, en homenaje a dicha artesanía.

Karl Lagerfeld y la modelo Stella Tennant en la pasarela del desfile Métiers d'Art 2012. El punto del desfile estaba hecho por la casa Barrie.

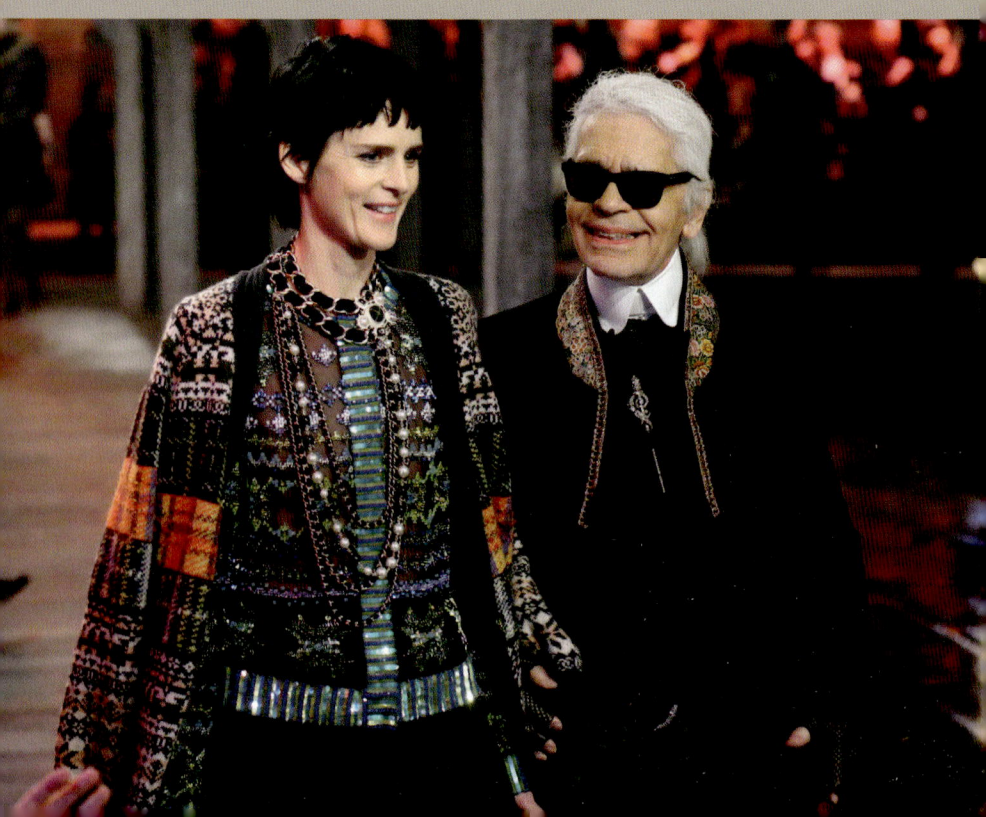

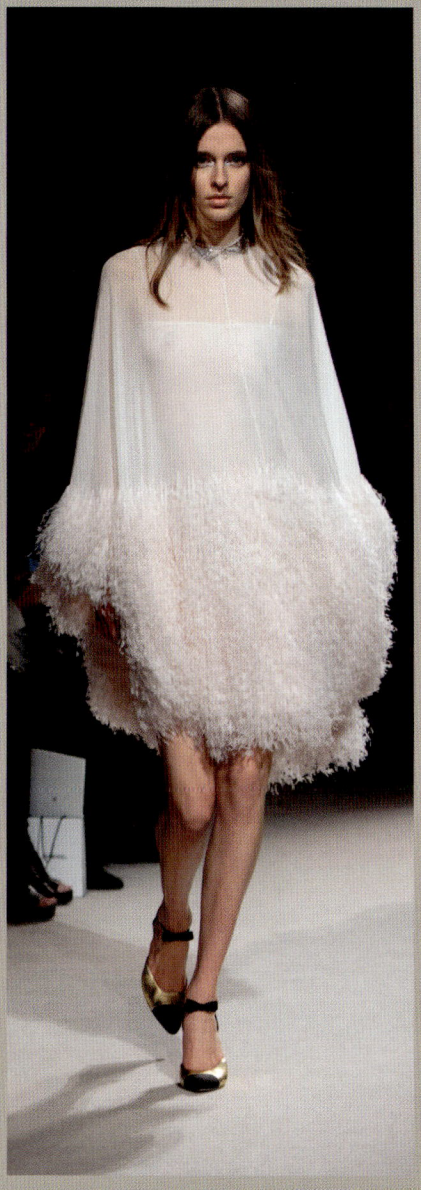

Tres piezas de las colecciones Métiers d'Art que celebran el buen oficio de moda. A la izquierda, un vestido con plumas del atelier Maison Lemarié. Bajo estas líneas, arriba, un collar de perlas del orfebre Goosens; abajo, un bolso bordado con pedrería por el atelier Montex.

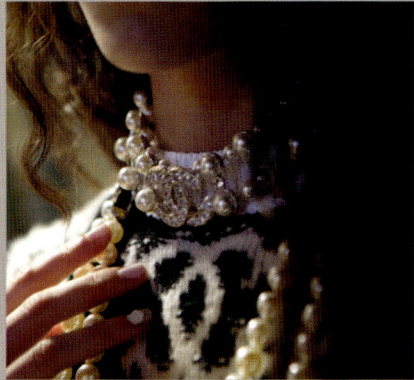

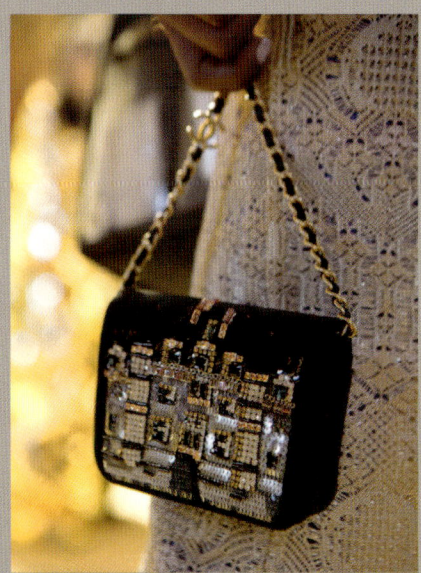

Odio la idea de ser recordado. Me gusta la idea de los animales en el bosque; ellos simplemente desaparecen

KARL LAGERFELD

que la moda depende del *savoir-faire*, Lagerfeld continuó esta tradición, reconociendo y destacando el valor de los artesanos que trabajaban para la marca. Talleres históricos como Lesage, Lemarié, Massaro, Goosens y Michel se encargaban de elaborar los delicados bordados, aplicaciones de plumas, plisados, botones, zapatos y otros trabajos artesanales que hacen que un diseño merezca el calificativo de alta costura.

Sin embargo, a finales del siglo XX, estos talleres artesanales se enfrentaban a una lucha por no desaparecer debido a la relocalización de la producción a países emergentes y la escasez de mano de obra cualificada. Para preservar estas valiosas habilidades, Chanel, bajo la dirección de Karl Lagerfeld, comenzó a adquirir estas casas históricas a finales de los 90, iniciando un trabajo de protección al talento y la tradición de los oficios de moda que se le dio el nombre de Paraffection. Esta iniciativa no implicaba exclusividad; los talleres mantenían su independencia y podían trabajar con otras marcas, garantizando así la continuidad de su actividad y vinculación con la moda.

Desde diciembre de 2002, además de sus colecciones de alta costura, Lagerfeld comenzó a presentar anualmente su colección Métiers d'Art, una celebración de *les petites mains*, como se conoce a los talentosos artesanos detrás de las colecciones, del trabajo hecho a mano y de las innumerables horas dedicadas en el taller para lograr la perfección. Esta iniciativa no solo mantenía vivo el espíritu de Chanel, evocando la química de sus colaboraciones con Fulco di Verdura y la duquesa Maria

Karl Lagerfeld y Virginie Viard salen a saludar tras el desfile de la colección Primavera-Verano 2019, el último del diseñador alemán, en el que presentó a la que sería su sucesora.

Pávlova y sus exquisitos bordados, sino que también aseguraba la relevancia, el prestigio y el carácter único de la *maison*.

En un mundo cada vez más inclinado hacia la producción en masa, Lagerfeld sabía que el tiempo, el cuidado y la dedicación eran el verdadero lujo. Su habilidad para combinar magistralmente la modernidad con una atención exquisita al trabajo artesanal y los detalles no solo se convirtió en una de sus señas de identidad más notables, sino también en su mayor legado a Chanel. Una palabra que, sin duda, le causaría rechazo, como él mismo confesó a la crítica de moda británica Suzy Menkes apenas un año antes de su muerte: «Odio la idea de ser recordado. Me gusta la idea de los animales en el bosque; ellos simplemente desaparecen».

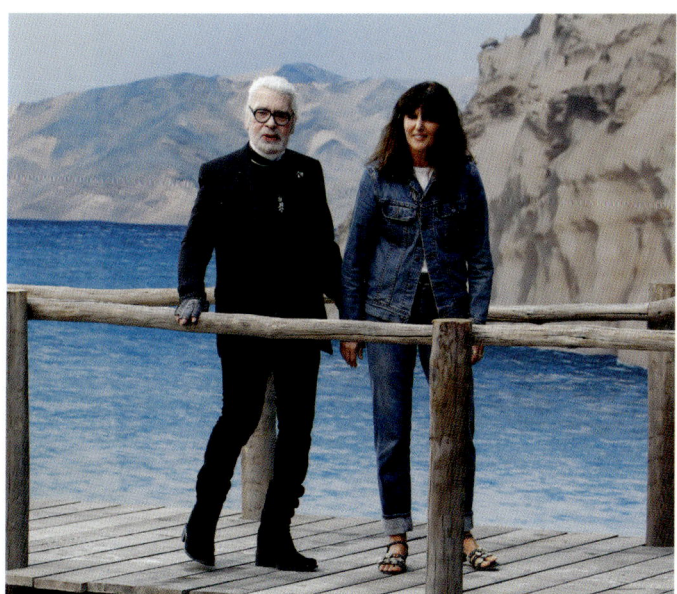

Página siguiente
La escenografía de la colección Primavera-Verano 2019 recreó una playa paradisíaca con arena fina y aguas turquesa bajo un cielo despejado, donde las modelos desfilaban descalzas y con el cabello al viento.

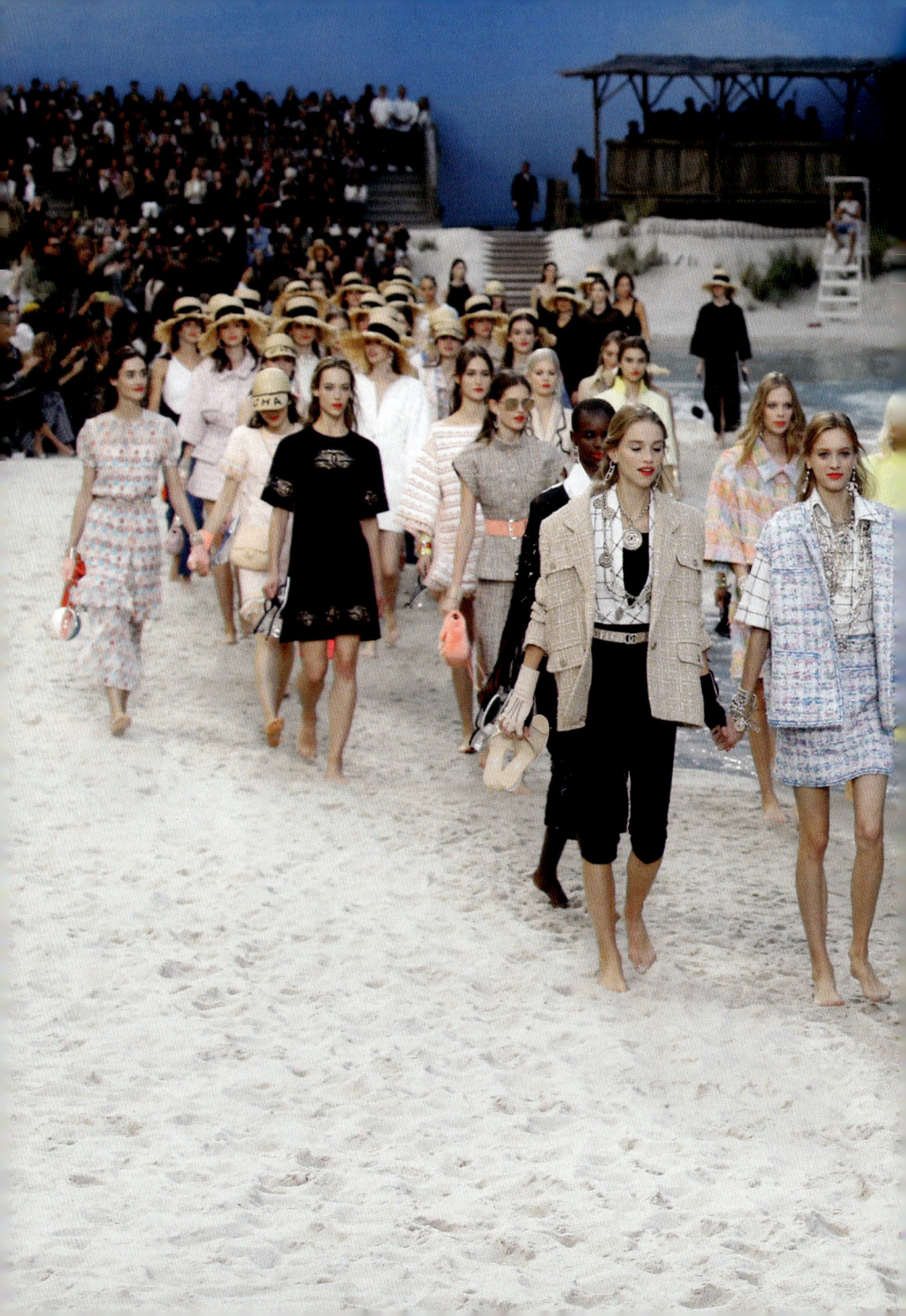

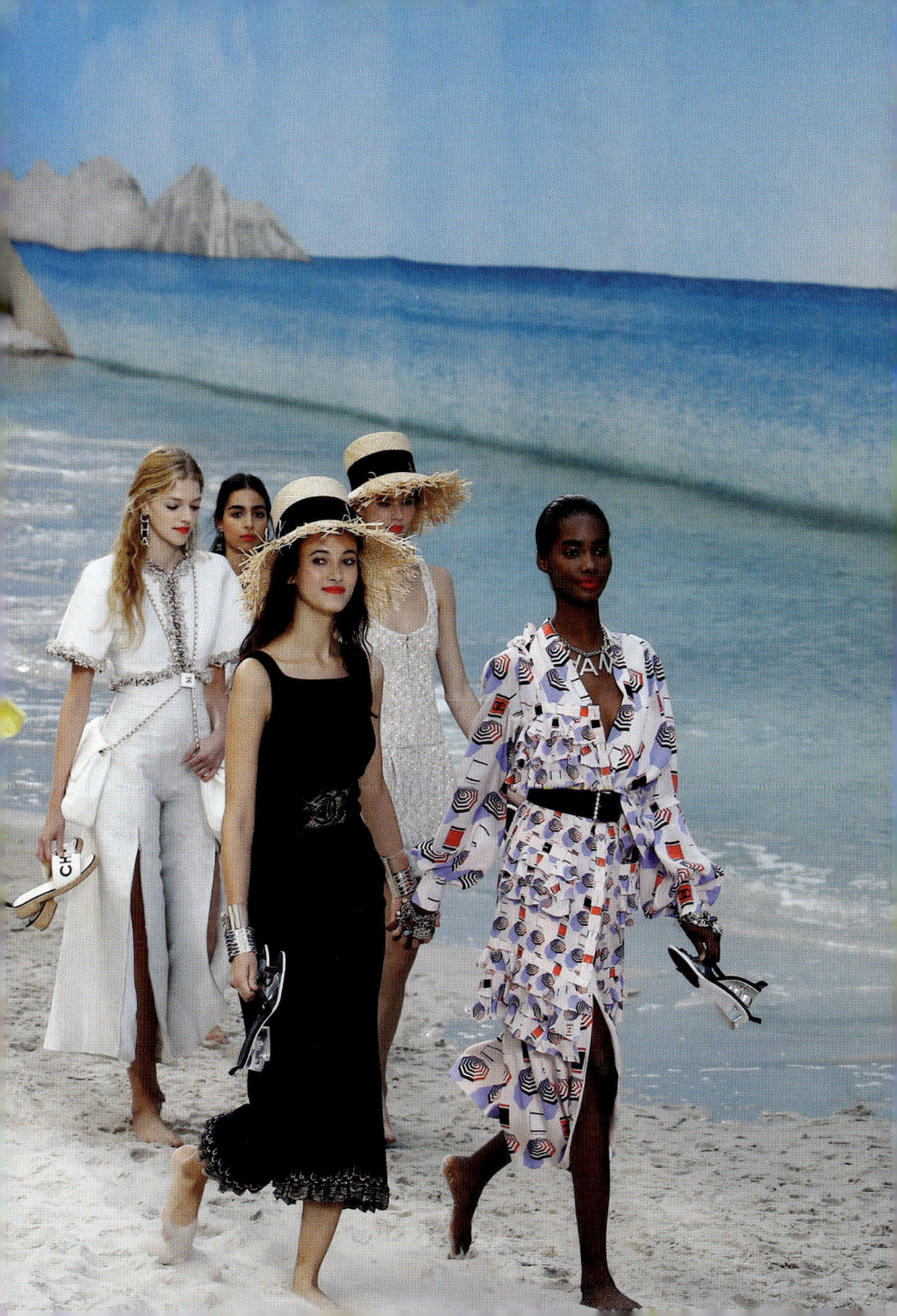

CHANEL EN EL SIGLO XXI

En febrero de 2019, el mundo de la moda se despidió de Karl Lagerfeld. Su muerte dejó a la *maison* con el reto de seguir adelante sin su director creativo. Virginie Viard, mano derecha de Lagerfeld desde 1987 y profunda conocedora del espíritu de la marca, tomó el relevo, convirtiéndose en la primera mujer al frente de la firma desde Gabrielle Chanel. El desafío que enfrentaba era enorme: Lagerfeld había fusionado su identidad con la *maison* de tal manera que resultaba difícil imaginarla sin él.

Viard contaba con una larga trayectoria en Chanel. Nacida en Lyon en 1962 y criada en una familia dedicada al negocio de la seda, había comenzado su carrera en la marca como becaria en el atelier de bordados de François Lesage, que posteriormente pasaría a formar parte de Paraffection. Previamente, había trabajado como asistente para la diseñadora de vestuario Dominique Borg, experiencia que le permitió desarrollar un agudo sentido estético y una comprensión profunda del diseño textil.

Su talento y dedicación pronto llamaron la atención de Lagerfeld, quien la integró al equipo de alta costura en 1987. Gran parte de su trabajo, según ha declarado en varias entrevistas, consistía en traducir los bocetos de Lagerfeld, en ser la intérprete de sus ideas. «Sé traducir exactamente lo que quiere. Pero también interpretar cuándo no he de trasladar una idea de forma literal, sino adaptarla», declaraba en *Vogue* en enero de 2019. Viard también estaba entre aquellos cuya visión influía en las decisiones de Lagerfeld. «Recuerdo un show en el que Karl solo quería neopreno. Intenté convencerlo de usar *tweed* y otros materiales clásicos», compartió Virginie Viard en una entrevista con Hamish Bowles en *Vogue* en noviembre de 2020.

La sucesión de Karl Lagerfeld en Chanel en 1983 había demostrado cómo una marca de lujo podía mantener el espíritu de su fundadora mientras sumaba una nueva perspectiva creativa y aumentaba su capital simbólico. Siguiendo este modelo, Viard, al tomar el mando de la *maison*, buscó establecer un diálogo entre la fundadora, Lagerfeld y ella misma, tal como expresó en la presentación de la colección de alta costura Primavera-Verano 2022.

Era un desafío complejo que implicaba mantener viva la identidad original de la casa, honrar el legado de su predecesor y, al mismo tiempo, imprimir su propia visión creativa. Todo ello mientras garantizaba que Chanel no solo sobreviviera en el competitivo mundo de la moda, sino que también prosperara y reafirmara su estatus como una de las casas más relevantes del mundo.

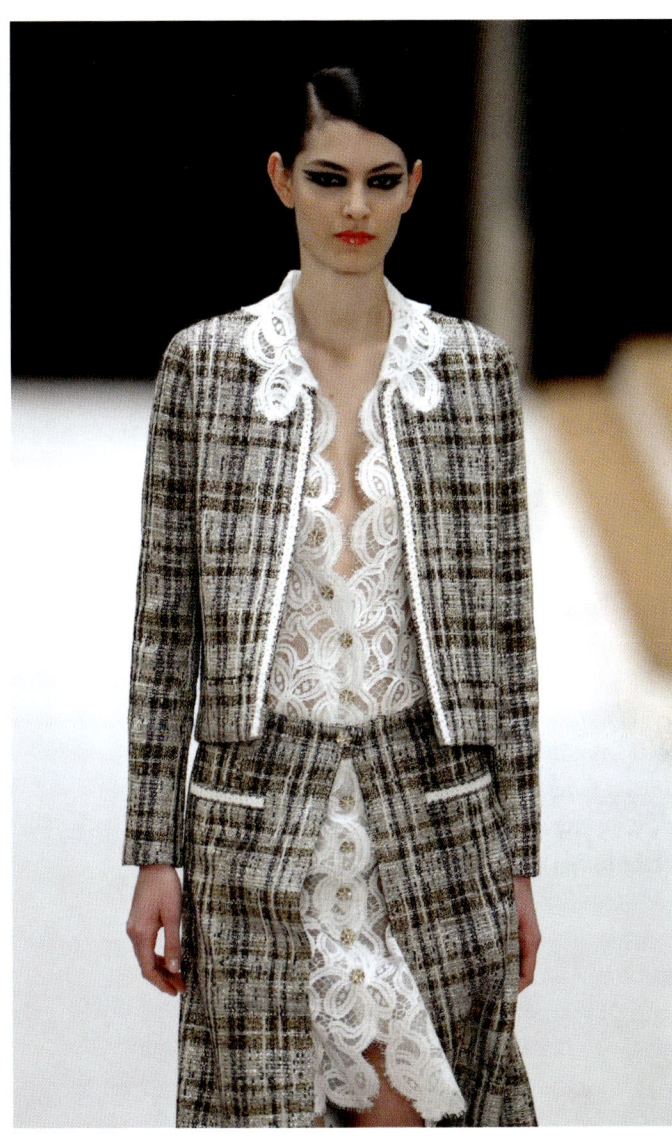

Desfile de
alta costura
Primavera-
Verano 2022.
Virginie Viard
reinterpretó el
clásico *tailleur*
de *tweed* usando
una paleta
moderna de
tonos ácidos
o cremosos.

VOLVER A LAS RAÍCES

El 3 de mayo de 2019, Virginie Viard presentó la colección crucero 2019-2020, la primera diseñada íntegramente bajo su dirección. El set del desfile recreaba una estación de tren de lujo en el Grand Palais de París, con una fila larga de bancos a lo largo de los andenes donde los invitados se sentaban con vista a las vías vacías. Esta puesta en escena era toda una metáfora del cambio, como señaló la crítica de moda Suzy Menkes al reseñar la colección en *Vogue* como «Un viaje en tren hacia un nuevo mundo», pero también evocaba el espíritu viajero de Gabrielle Chanel y el legendario tren azul que recorría la costa mediterránea francesa, rindiendo homenaje a la esencia y el alma de la fundadora de la casa.

En cuanto a la colección, Viard introdujo vestidos vaporosos de chifón, chaquetas de punto, pantalones holgados y camisas con apliques de maxi lazos. Los diseños conjugaban comodidad y elegancia, honraban el legado establecido por Gabrielle Chanel y revitalizado por Lagerfeld, a la vez que presentaban una silueta y un estilo ligeramente más femenino y sobrio. Christelle Kocher, directora artística del atelier Lemarié y fundadora de su propia marca, elogió la colección como «una verdadera maravilla que marca una nueva era para Chanel, manteniendo todas las referencias de la marca, pero con mayor simplicidad y sobriedad, aportando una nueva frescura».

Mantener los altos estándares dejados por el káiser de la moda era un verdadero reto. La dirección de Karl Lagerfeld en Chanel se caracterizó por una revolución que renovó radicalmente la firma, gracias a su habilidad para captar el espíritu de

Para la colección crucero 2019-2020, Virginie Viard recreó la estación del tren azul en el que Gabrielle Chanel se dirigía a la costa en los años 20. Dedicada a las prendas de viaje, este primer desfile de Viard en solitario combinaba los clásicos de Chanel con la estética ferroviaria (una lámpara de tren transformada en bolso, por ejemplo).

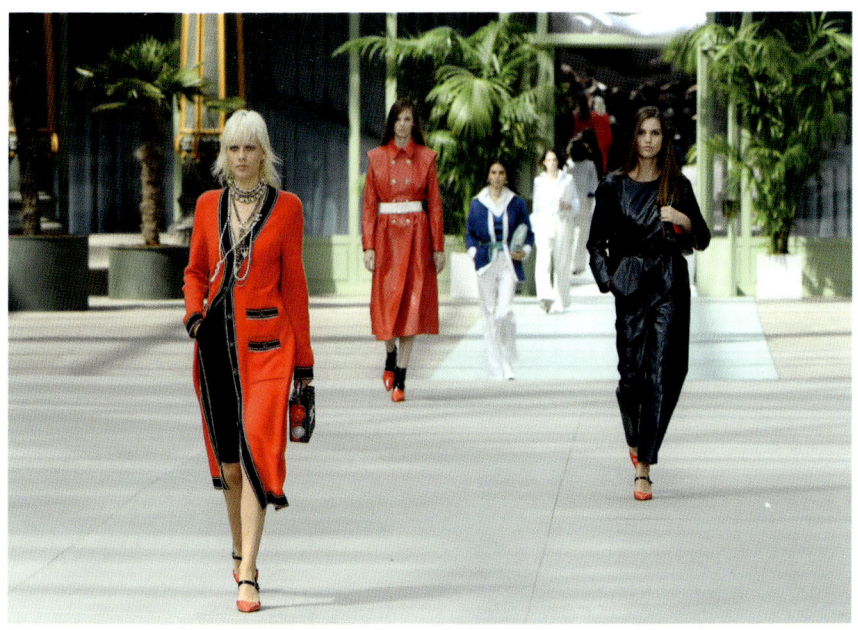

cada época y canalizarlo en la moda con ingenio y originalidad. El enfoque de Viard, en cambio, fue desde sus inicios más discreto. Como directora creativa de la *maison*, Viard se centró en volver a las raíces, a la esencia y los valores de Chanel en los tiempos de su fundadora, pero con su visión personal de la contemporaneidad. Su estrategia se centró en combinar la comodidad casual con la elegancia parisina, logrando una fórmula perfecta de lujo, artesanía y funcionalidad.

La firma personal de Viard podría resumirse en sobriedad, ligereza y practicidad, atributos con los que la revista *Vogue* describió su colección de alta costura Primavera-Verano 2020. Este enfoque se extendió al resto de sus colecciones, consoli-

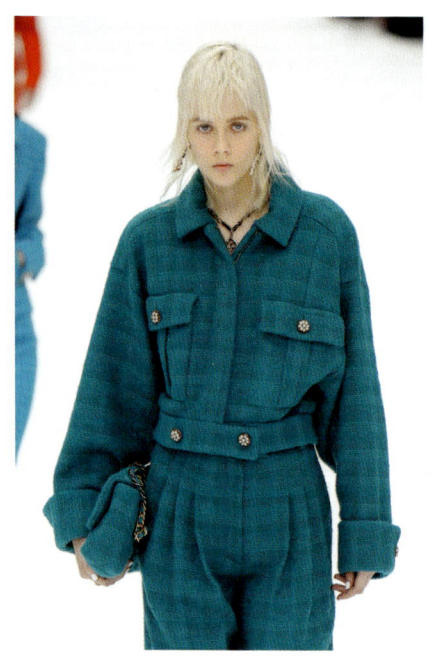

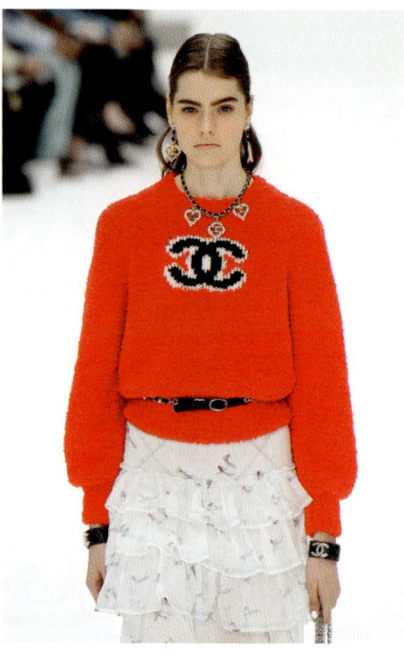

dándose como su sello distintivo. Viard también añadió un toque de audacia, siguiendo la estela de Lagerfeld, alineado con las nuevas sensibilidades. En la colección Métiers d'Art 2021-2022, incorporó sudaderas y estampados de inspiración grafiti, proponiendo una síntesis entre la tradición de la alta costura de Chanel y el arte urbano.

Su trabajo de actualización y reinterpretación del legado de Chanel había comenzado antes de la muerte de Lagerfeld. Eric Wright, miembro del equipo creativo de la *maison*, destacó en la edición británica de *Vogue* en junio de 2024 que el particular estilo bohemio francés de Viard influyó profundamente en Lagerfeld, aligerando su estética y haciendo que las líneas se

La colección Otoño-Invierno 2019-2020 abogó por la elegancia en la montaña en un espíritu de sofisticación femenina. Arriba, un jersey de borrego rojo, con la doble C en el pecho y una estética *après-ski*.

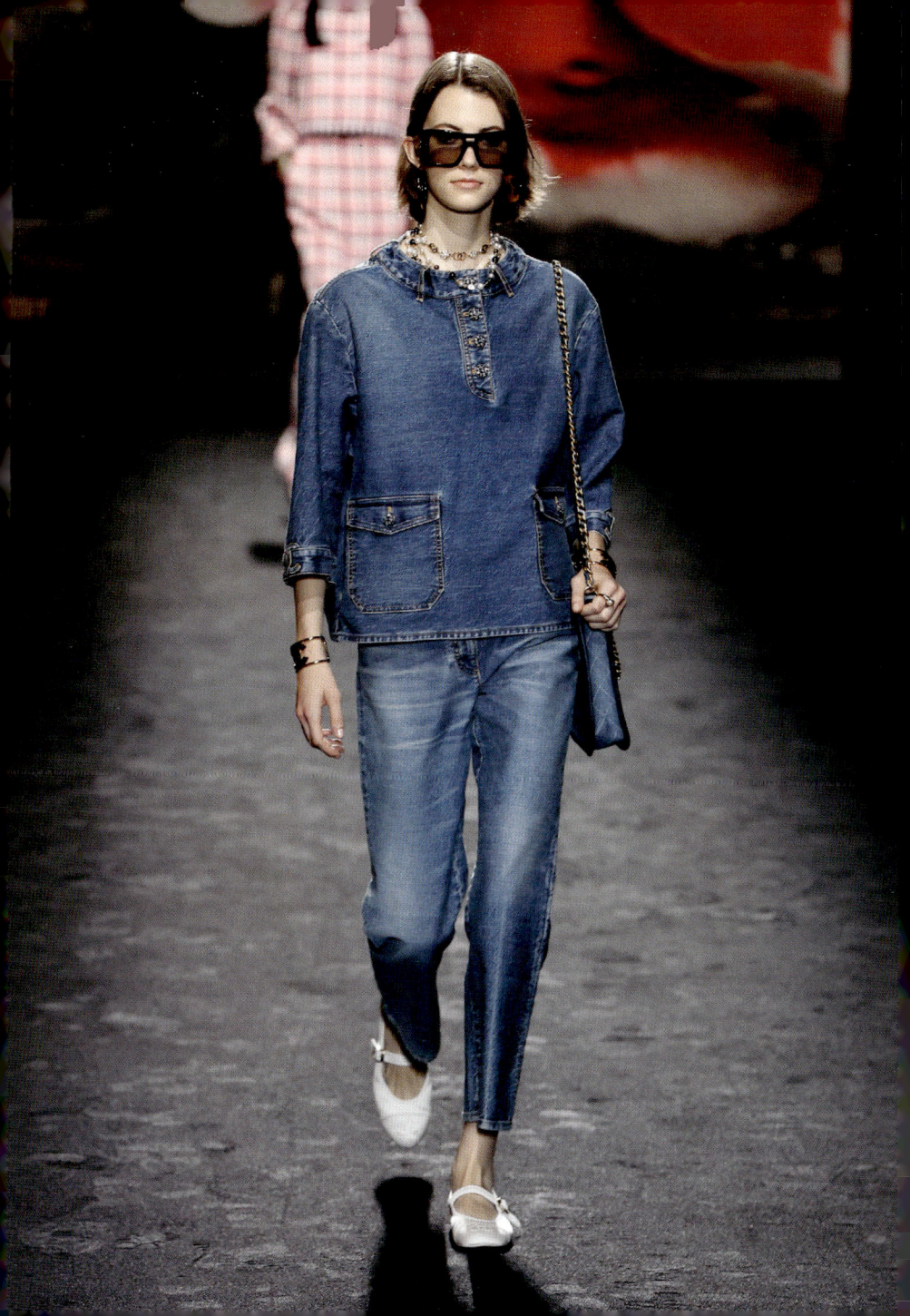

volvieran más puras y fluidas. Esta doble labor de depuración y modernización del patrimonio de la casa continuó cuando asumió la dirección creativa de la firma.

Bajo la dirección de Viard, Chanel experimentó una sutil transformación estética. Inspirada por Gabrielle Chanel, que ponía en valor la libertad y la comodidad, Viard se alineó con el deseo actual de un estilo versátil y *effortless*, con líneas fluidas, sastrería relajada. Mantuvo viva la herencia de Lagerfeld, renovando y modernizando los iconos de la marca, aportando una perspectiva propia: la de una creadora al mando de una casa de lujo, con una comprensión precisa de lo que significan la comodidad, el lujo y la elegancia para las mujeres de hoy.

NUEVOS OBJETOS DE DESEO

En 2019, Karl Lagerfeld y Virginie Viard colaboraron para crear un nuevo bolso inspirado en el icónico 2.55. El objetivo era combinar las características distintivas de su predecesor con un formato más contemporáneo y funcional. El nuevo diseño, siguiendo la tradición de la *maison* de nombrar sus creaciones por el año de lanzamiento, fue bautizado Chanel 19 y rápidamente se convirtió en uno de los accesorios más codiciados de la firma.

La colaboración entre Lagerfeld y Viard no solo resultó en la creación de un nuevo objeto de deseo, sino que también era un homenaje a una de las leyendas de la marca y de la moda. El 2.55 representa mucho más que un accesorio. Es un símbolo de la tradición, el lujo y la artesanía de Chanel, un objeto cargado de «aura» en el sentido benjaminiano, una cualidad úni-

Sé traducir exactamente lo que quiere. Pero también interpretar cuándo no he de trasladar una idea de forma literal, sino adaptarla

VIRGINIE VIARD

ca que emana de su exclusividad, su valor simbólico y cultural, y su confección artesanal meticulosa.

El Chanel 19, creado en honor a este legado, mantiene elementos muy reconocibles del 2.55, como el formato rectangular y el acolchado, pero también introduce nuevos detalles, como una cadena más gruesa y un diseño más suave y flexible que evocan una sensación de modernidad sin sacrificar el aura del modelo original.

Tres años más tarde, en 2022, ya como directora de la *maison*, Virginie Viard diseñó el Chanel 22, un bolso que rompía con el formato rectangular para adoptar una silueta más fluida. El Chanel 22 mantiene los códigos característicos de la casa, como el mítico *matelassé* (acolchado), y la cadena joya trenzada de cuero y metal, muestra del arte de la *maison* en permanecer fiel a su patrimonio y traducirlo al tiempo presente.

UNA HERENCIA VIVA

En junio de 2024, Viginie Viard abandonó la dirección creativa de Chanel después de treinta años en la firma. La última colección de alta costura Otoño-Invierno 2024-2025 fue presentada en la Semana de la Moda París y acreditada al Estudio de Creación de Moda de la casa, según informó la propia marca. El desfile se llevó a cabo en el Palais Garnier, un lugar que tenía un significado especial puesto que parte de la colección era un homenaje a la danza y a la colaboración de Gabrielle Chanel con los *ballets Le Train Bleu* de 1924 y *Apollon Musagète* de 1928, a través de una serie de vestidos que rindieron tributo a estos diseños históricos.

La partida de Viard marcó el fin de una era y el comienzo de otra. Bajo su dirección creativa, la *maison* había experimentado una renovación que respetaba profundamente el legado de Gabrielle Chanel y Karl Lagerfeld, al mismo tiempo que respondía a las demandas contemporáneas de la moda. Para Viard, la clave del éxito de Chanel residía en un equilibrio delicado entre tradición e innovación. Su capacidad para reinterpretar los elementos clásicos de la casa, como el *tweed* y las perlas, con un enfoque moderno y funcional, fue fundamental para mantener la relevancia de la marca en el siglo XXI.

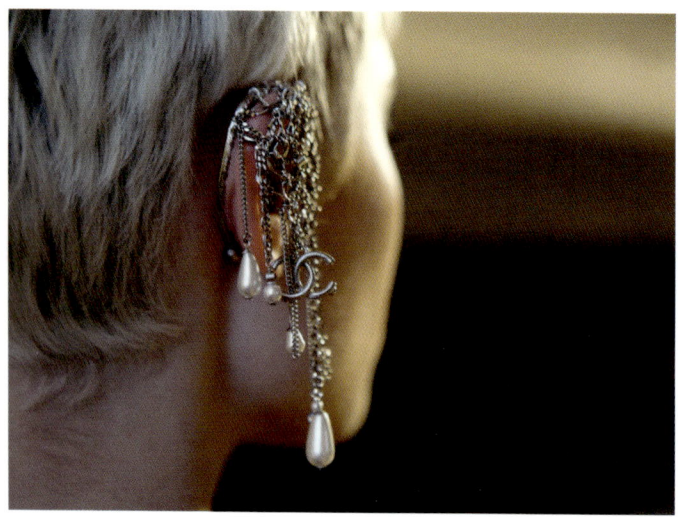

Este detalle del desfile Métiers d'Art 2021 es una muestra de los excepcionales artesanos que trabajan para la casa Chanel.

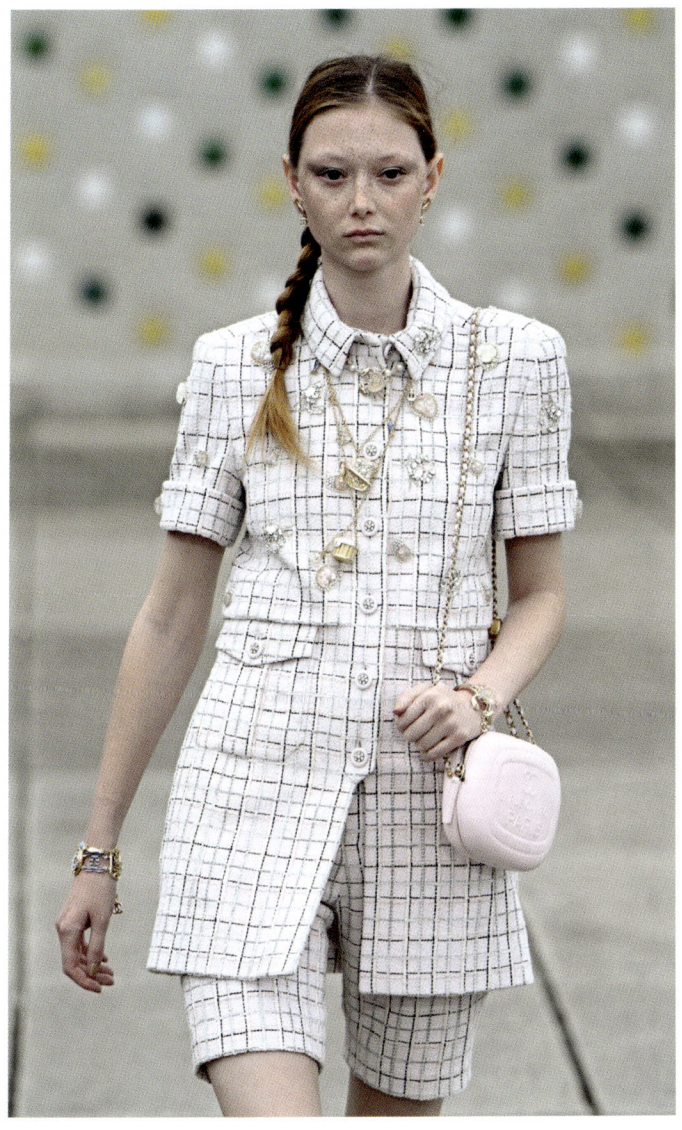

Un dos piezas en *tweed* de la colección crucero 2024-2025. Presentada en Marsella, en la Cité radieuse, concebida por Le Corbusier, esta luminosa colección es la última con Virginie Viard como responsable del diseño creativo de la *maison*.

Tras ella, Chanel nombró al diseñador francobelga Matthieu Blazy, que se incorporó a la firma en abril de 2025. Procedente de Bottega Veneta y formado en grandes marcas como Raf Simons o Maison Margiela, el nuevo director creativo aporta renovada imaginación y la capacidad de despertar la emoción que Chanel demanda.

El estilo Chanel, fruto de la capacidad de armonizar función y forma e integrar el diseño con la realidad de la vida de las mujeres, creó un nuevo paradigma de vestimenta femenina basado en tres conceptos: sencillez, sofisticación y refinamiento. En un mundo de tendencias efímeras, Chanel ha preservado su sello, manteniendo un estilo reconocible que ha perdurado gracias a su habilidad para responder a las cambiantes demandas de la moda. Lagerfeld y Viard, como directores creativos de la marca, fueron fundamentales en este proceso de evolución a lo largo de las décadas.

Blazy ha asumido el reto de continuar. Debe lograr que la capacidad de Chanel para perdurar y evolucionar, profundamente enraizada en el origen de la casa, siga vivo. Que las prendas Chanel sigan hablando el lenguaje de Gabrielle Chanel, el de la conquista y la libertad del propio cuerpo. Este mensaje poderoso ha cimentado su reputación como una firma no solo rentable y comercialmente exitosa, sino también con una identidad fuerte y distintiva, que encierra una filosofía propia y atemporal. Karl Lagerfeld lo resumió perfectamente: «Conseguir que exista lo eterno en lo inmediato y hacer que lo efímero renazca perpetuamente: esos son los secretos profundos del estilo Chanel».

Vestido de estilo *boho* de la colección Primavera-Verano 2024. La silueta fluida, que popularizó Gabrielle Chanel, sigue vigente en pleno siglo XXI.

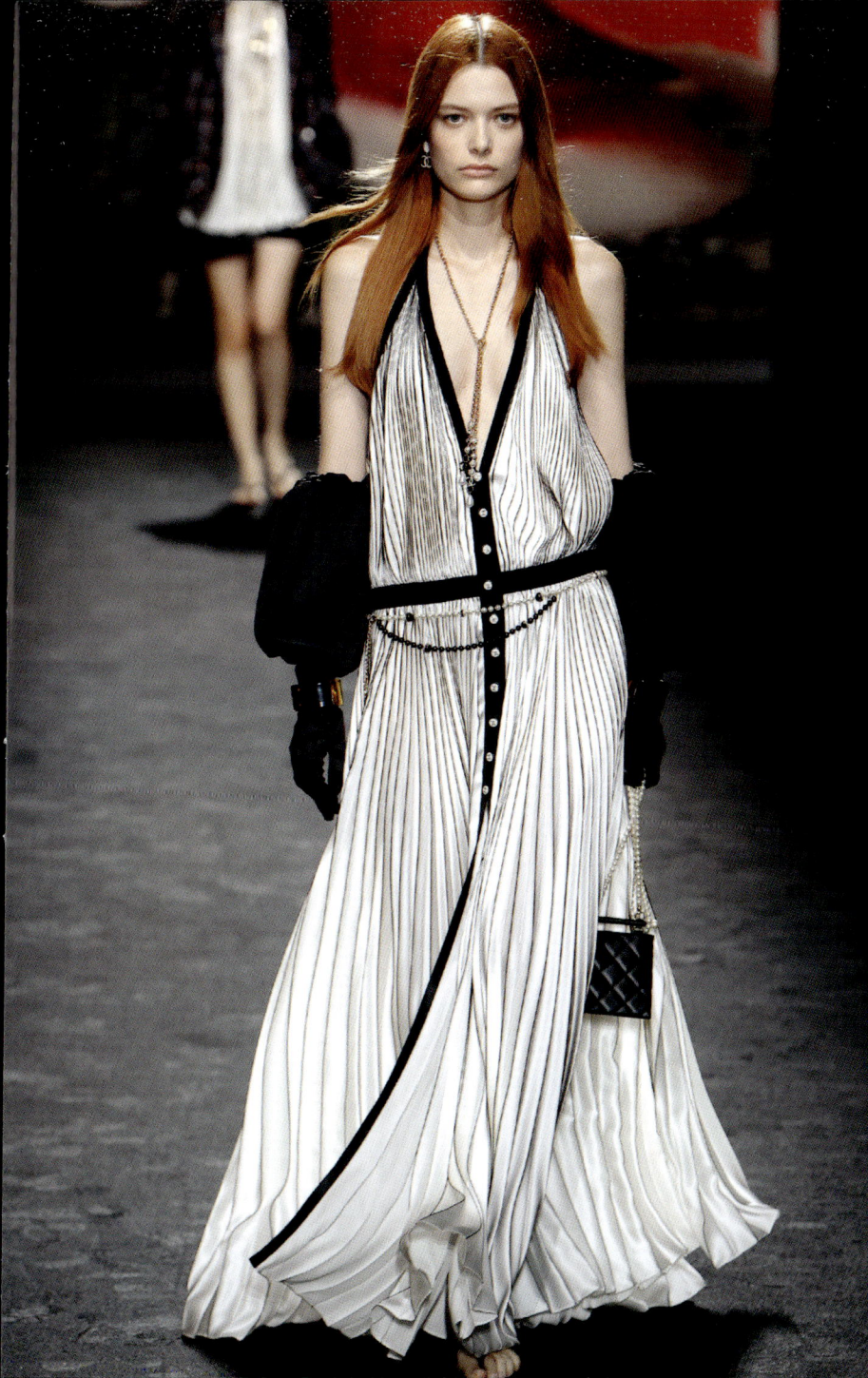

Diseño de cubierta e interior: Luz de la Mora
Asesoría de contenidos: Charo Mora

Fotografías: Alamy, Album, Archivo RBA,
Cordon Press, Estrop, Getty Images.

Realización: Editec ediciones

ISBN colección: 978-84-1057-883-8
ISBN (Volumen): 978-84-1057-822-7
Depósito legal: B 22710-2025
Impresión: Unigraf, S.L.
Calle Cámara de la Industria, 38,
28938 Móstoles, Madrid
Impreso en España — *Printed in Spain*

Esta obra es una obra de carácter divulgativo de
la historia de *Chanel*. Libro no oficial.

Para España:
Edita RBA Coleccionables, S.A.U.,
Avenida Diagonal, 189. 08019 Barcelona. España.
Distribuye: Logista Publicaciones,
C/Trigo 39, Polígono industrial Polvoranca
28914 Leganés (Madrid).
Servicio de atención al cliente y suscripciones
(solo para España): Para cualquier consulta
relacionada con la colección: Tel 910 920 132,
de 9 a 20 horas, de lunes a viernes.
E-mail de atención al cliente:
coleccionables@rba.es

Para Argentina:
Editada, publicada e importada por:
RBA EDICIONES ARGENTINA S.R.L.
Av. Córdoba 950 10 mo. Piso, C.A.B.A.
Distribuye en C.A.B.A y G.B.A.: Brihet
e Hijos S.A., Av. Presidente Julio A. Roca 781
1 er. Piso (1067), Ciudad de Buenos Aires.
Whatsapp: (11) 6700-7460.
Mail: ventas@brihet.com.ar
Distribuye en interior: Distribuidora General
de Publicaciones S.A., Alvarado 2118 C.A.B.A.
Whatsapp: (11) 5022-5086
Mail: circulacion@dgpsa.com.ar

Para Chile:
Edita RBA Coleccionables, S.A.U.,
Avenida Diagonal, 189. 08019 Barcelona, España.
Importado y distribuido por: El Mercurio S.A.P.,
Avenida Santa María N° 5542,
Comuna de Vitacura, Santiago, Chile

Para Colombia:
Edita RBA Coleccionables, S.A.U.,
Avenida Diagonal, 189. 08019 Barcelona, España.
Importado y distribuido por: Casa Editorial
El Tiempo, Av Cl 26 No. 68B-70
Bogotá. Colombia

Para México:
Editada, publicada e importada por RBA Editores
México, S. de R.L. de C.V., Av. Patriotismo 229,
piso 8, Col. San Pedro de los Pinos, CP 03800,
Alcaldía Benito Juárez, Ciudad de México, México
Fecha primera publicación en México:
Mayo 2026
ISBN: en trámite (Obra completa)
ISBN: en trámite (Libro)

Para Perú:
Edita RBA Coleccionables, S.A.U,
Avenida Diagonal, 189. 08019 Barcelona. España.
Distribuye en Perú: PRUNI SAC RUC 20602184065
Av. Nicolás Ayllón 2925 Local 16A El Agustino.
CP Lima 15022 – Perú
Tel. 51-991 685 395. Mail: suscripcion@pruni.pe